La Descripción y Andanzas de Satanás

por Betty Miller

Primera Edición Publicada 1980
Segunda Impresión 1982
Tercera Impresión 1983
Cuarta Impresión 1984
Quinta Impresión 1987
Sexta Impresión 1988
Séptima Impresión 1989
Octava Impresión 1994
Novena Impresión 2001
Décima Impresión 2003 Impresa a Pedido

La Descripción y Andanzas de Satanás

Derechos de Autor © 1980-2014

ISBN 978-1-57149-033-9

CHRIST UNLIMITED MINISTRIES, INC.
Pastor R.S. "Bud" Miller – Publicador
P.O. Box 850
Dewey, Arizona 86327
Todos los Derechos Reservados. Impreso en EE.UU.

Las citas bíblicas son tomadas de la versión Reina Valera a menos que se indique lo contrario.

Tabla de Materias

Prefacio vii

Prólogo ix

Créditos y Reconocimientos x

Introducción xi

Capítulo 1 1

La Descripción y Andanzas de Satanás _____ 1
   ¿Quién es Satanás? _____ 1
   Satanás es expulsado del cielo _____ 3
   Jesús derrota a Satanás _____ 3
   Tenemos poder sobre el diablo _____ 4
   ¿Deberíamos ignorar a Satanás? _____ 5
   Satanás acusa a Dios _____ 6
   Dos poderes en la tierra _____ 7
   Siervos de Satanás _____ 7
   Descubriendo las mentiras de Satanás _____ 8
   Eva cree una mentira _____ 10
   Muerte espiritual _____ 11
   El castigo del pecado _____ 13
   El camino de Satanás es el egoísmo _____ 13
   El mal puede convertirse al bien _____ 14
   Orgullo y belleza son trampas _____ 15
   El diablo es un mentiroso _____ 17
   Reprender al diablo _____ 17
   Venciendo las mentiras del diablo _____ 18
   No ignores al diablo _____ 19
   Satanás es una falsa luz _____ 21

Capítulo 2 23

Las religiones falsas de cultos y ocultos _____ 23
   Satanás ama la religión _____ 23
   Dioses e ídolos _____ 23
   Religiones falsas _____ 24
   Los cultos y los falsos movimientos religiosos _____ 25
   El camino de Dios es estrecho _____ 28
   Doctrinas de demonios _____ 29

Lo oculto y las prácticas ocultistas	30
Herejías dañinas	32
Jesús el Dios-Hombre	33
Confusión doctrinaria	34
Los cultos son exclusivistas	35
El espíritu de temor	35
El infierno es una realidad	36
El infierno fue creado para Satanás	38
El paraíso	38
El lago de fuego	39
Seguidores esclavizados	40
Falsa revelación	41
Revelación de los misterios	42
Falsa meditación	44
Legalismo sin misericordia	45
Revisión de las falsas doctrinas	45
La participación en los cultos trae maldición	45
El poder de la brujería satánica	46
Los objetos satánicos deben destruirse	48
Símbolos del anticristo	49
Deben liberar tu casa de la brujería	52
Ligando los poderes de las tinieblas	53
Cuida tus palabras	54

Capítulo 3 — *56*

El Mundo de Demonios — **56**

El pecado voluntario atrae los ataques demoníacos	56
¿Puede un cristiano tener un demonio?	57
Contaminación de carne y espíritu	58
Cadenas de iniquidad	59
Los demonios esclavizan la persona a un pecado	61
Los demonios pueden causar enfermedad	63
Posesión	64
Opresión o posesión	65
El pecar puede llevarnos a la posesión	66
La enfermedad mental ligada a los demonios	67
Los demonios destruyen a través del suicidio y el divorcio	68
Batallando contra los demonios	69
Oraciones de liberación	70

La fe cumple	71
¿Se pueden los demonios transferir?	72
Invocar la sangre de Jesús	73
Manifestaciones de demonios	75
Discernimiento de espíritus	76
Síntomas de la actividad demoníaca	77
Los pecados de nuestros padres	79
Nuestro nuevo Padre	80
La elección es nuestra	80
Maldiciones	81
Maldiciones que se tornan bendiciones	83

Capítulo 4   85
La Batalla de la Guerra Espiritual   85

Dos mundos espirituales	85
Estamos en guerra	85
La guerra espiritual	86
La mente es el campo de batalla	88
Los pensamientos se transforman en acciones	88
"Halloween", El Día de las Brujas, es un día de fiesta del mal	89
El mal en algunas tradiciones	91
Resistamos al diablo activamente	93
No hablemos las palabras de Satanás	94
No luchemos con la gente	95
Pongámonos toda la armadura de Dios	96
Vístete para la batalla	96
Satanás resiste la Palabra de Dios	97
La Palabra es alimento para el espíritu	97
Debemos controlar las emociones	98
El evangelio de la paz	99
La fe es nuestro escudo	100
La Palabra guarda la mente	101
La Palabra es nuestra espada	101
La oración vence	102
Jesús es la cabeza	104

Nota Posterior   *106*

Para Estudio Adicional   *107*

Propósito y Visión   *112*

Prefacio

Saludos en el nombre de nuestro Señor Jesucristo:

Presento este libro para al cuerpo de Cristo como el Espíritu Santo me lo presentó. Te reto a que permitas que el Espíritu de la verdad de Dios, y la Biblia, confirmen la exactitud de las palabras contenidas en estas páginas. Este libro forma parte de un curso completo de estudios sobre el estudio de la Biblia llamado Sobreponiéndose a la Vida. Esta serie es una "caja de herramientas espirituales" ya que cubre una multitud de temas que enfrenta cada cristiano en su caminar con Dios. También responde a las preguntas que muchos creyentes tienen con respecto al movimiento actual sobre Dios. Estos son tratados en un enfoque equilibrado y a la luz de las Escrituras. ¡El pueblo de Dios no está para vivir frustrado, derrotado en vida, sino que están para ser vencedores victoriosos! Para un estudio más profundo, cada uno de estos libros tiene un cuaderno de trabajo disponible en versión impresa. Este libro y serie también se dirige a todos los buscadores de la verdad que no conocen AL CRISTO ILIMITADO, ya que sería un privilegio para mí presentarle a Él.

Durante los primeros años de ministerio, se me dificultaba como aprender a escuchar la voz de Dios. Una vez, mientras nerviosamente esperaba hablar ante una gran audiencia, y no estaba segura sobre qué tema debería de hablar, le hice rezándole al Señor esta pregunta: "Señor, ¿qué voy a decirle a toda esta gente?" En mi espíritu, le oí responder muy claramente, "Betty, yo tenía la esperanza de que no dijeras nada, ya que yo tenía muchas ganas de hablar". Sí, Él quiere hablar a través de nosotros, cuando nos entregamos a Su Espíritu. Me di cuenta que al entregarse al Señor y con la guía del Espíritu Santo no solo son posibles, sino que son el único camino que Él quiere que hagamos su ministerio. **"Porque no sois vosotros los que habláis, sino el Espíritu de vuestro Padre que habla en vosotros" (Mateo 10:20).**

Este libro es un obsequio del Espíritu Santo. No tomo ningún crédito por este libro. Si algo en estas páginas te bendice, te ilumina, te acerca a Dios, te libera del miedo o de la esclavitud, o te cura o te entrega, por favor eleva tu voz en alabanza al precioso Salvador de nuestras almas, ¡Jesucristo nuestro Señor! Si por otro lado, tú encuentras alguna de estas cosas difícil de recibir, difícil de entender, o totalmente herética desde tu punto de vista, te alentamos a buscar al Señor y preguntarle si esto podría ser la verdad. Con el corazón abierto y sincero, ¿le pedirías a Dios que te ayude a cambiar tus ideas preconcebidas, y a liberte de las tradiciones para recibir de Él, Su verdad? Su verdad siempre trae libertad, nunca la esclavitud. **"Y conoceréis la verdad, y la verdad os hará libres" (Juan 8:32).**

Al caminar con el Señor, he encontrado que debemos obedecer las cosas que nosotros sentimos que Él nos está diciendo. En mi vida personal, yo solía tener miedo de hablar por el Señor, porque tenía mucho miedo de perderle y de cometer errores. Él, por supuesto, ahora me ha liberado de todos mis temores. ¡Alabado sea Él! Él me ha animado a no renunciar debido a los errores, cuando me dijo estas palabras: "Betty, si recibo la gloria y la alabanza por todas las cosas que son una bendición para la gente, también recibo la responsabilidad por tus errores, siempre y cuando está tratando de complacerme. Yo soy capaz de hacer incluso esta tarea para tu bien". **"Y sabemos que todas las cosas ayudan a bien a los que aman a Dios, a los que son llamados conforme a su propósito" (Romanos 8:28).** ¡Servimos a un maravilloso, amoroso Dios, que nos anima a seguirlo y obedecerlo para que podamos ser bendecidos, y a su vez bendigamos a los demás!

Este libro fue escrito como un acto de obediencia hacia el Señor, a quien amo mucho. Considero un honor el escribir para El. Hace años, cuando estaba en oración, el Señor me dijo que yo iba a escribir un libro, pero nunca sentí que era el tiempo apropiado para Dios, ni tampoco sentí la unción para comenzar este trabajo hasta ahora. Durante el año pasado Dios ha realizado una serie de milagros para confirmar que este es el tiempo para Él, y ha realizado los arreglos para que esto sea una realidad.

Rezo para que este libro, junto con la serie de Sobreponiéndose a la Vida, pueda ayudarte a aprender como caminar más cerca de nuestro Señor, ya que Él es el ¡CRISTO ILIMITADO!

Soy por Su amor,
Un siervo del Señor,

Betty Miller
Febrero, 1980

"Si alguno quiere hacer su voluntad, conocerá si la doctrina es de Dios, o si yo hablo de mí mismo" (Juan 7:17).

Prólogo

Me pareció natural que yo escribiera la introducción de este libro ya que mi esposa, Betty, y yo, somos "una sola carne". Dios, por medio del Espíritu Santo, ha dado por revelación a Betty muchas verdades sobre Su Palabra, que han sido presentados en este libro.

El Señor le hablo a Betty hace como diez años diciéndole que ella iba a escribir un libro para Él, y que Él arreglaría el momento y el lugar correcto para escribirlo. Betty simplemente tomo esta visión y la mantuvo a un lado hasta que Dios empezó a "despertar" su espíritu para impulsarla hacia este libro. Una mañana, muy temprano, Betty se despertó, y comenzó a escribir como el Señor le iba dictando. Al darle esta pequeña porción del libro, le mostró que, a través de la entrega a su Espíritu, y el rendimiento completo a Él, Él la alimentaria con el mensaje que quiso compartir con el cuerpo de Cristo. Él también le revelo que tan rápido y fácil sería terminado el libro. Los mensajes que Dios ha dado en esta serie de Sobreponiéndose a la Vida son para todos los que quieren ser vencedores y que quieren ser "conformes a la imagen de su Hijo" (**Romanos 8:29**). Nuestro Señor no está satisfecho de que una persona siga siendo un "bebé" en Cristo, pero anhela que cada "bebé" crezca y llegue a la madurez. Él desea que debiéramos tratar de convertirnos en vencedores, vivir la vida que vence, y reclamar las promesas de la herencia de todas las cosas que han de entregarse a los vencedores.

Agradezco a Dios que Él me ha permitido compartir tal amor tan estrecha y la compañía de Betty. Yo sé que dentro de su corazón, ella no tiene ambiciones personales, no con fines personales para lograr esta obra. Betty simplemente ha estado haciendo la voluntad del Padre en la redacción de este libro ungido. Que el Señor te bendiga con este libro, como Él nos ha bendecido al ser parte de Su obra.

Suyo en Cristo,

Pastor R.S. "Bud" Miller

"El que venciere heredará todas las cosas; y yo seré su Dios y él será mi hijo" (Apocalipsis 21: 7).

Créditos y Reconocimientos

¡Toda la alabanza y mérito es para **el Cristo Ilimitado**!

Verdaderamente Cristo, el Padre, y el Espíritu Santo son merecedores de alabanza, no sólo por este libro, sino por nuestras propias vidas. Su sacrificio en el Calvario hizo posible conocer a Él y a todos los miembros de la familia de Dios.

Al igual que con la impresión de cualquier libro, hay una gran cantidad de gente responsable por las palabras en estas páginas, palabras físicas así como a las palabras espirituales. Todas las personas que alguna vez han sido parte de mi vida, todas las personas que han orado y apoyado este ministerio, mis amigos y mi familia han realmente contribuido con esta obra. Especial crédito se debe dar a mi marido, Bud, puesto que sus fieles y oraciones amorosas, su ánimo, y liderazgo, y su amor son una gran parte de este libro. Además, quiero expresar mi gratitud a todos cuyos libros y artículos he leído, a los ministros del Evangelio, cuyos sermones he escuchado, ya que cada uno de ellos ha contribuido, en cierta medida, a este libro. La lista es interminable, pero la eternidad tiene los registros. Así que en lugar de nombrar a las personas individualmente en esta página y darles crédito terrenal, prefiero que el Señor Jesucristo recompense a cada uno, de la manera que sólo Él puede hacerlo. Que Dios los bendiga a todos, y que se sorprendan al abrir la caja que contiene sus tesoros celestiales.

"Porque el Hijo del Hombre vendrá en la gloria de su Padre con sus ángeles, y entonces pagará a cada uno conforme a sus obras" (Mateo 16:27).

Introducción

La Descripción y Andanzas De Satanás es el quinto libro dentro de la **Serie de Sobreponiéndose a la Vida** y es un baúl de herramientas espiritual de muchas artimañas que usa Satanás para mantener a la gente bajo sus mentiras y engaños que, con el tiempo, los destruye. Es muy amplio y a su vez especifico en su cobertura sobre la revelación de las artimañas de Satanás. Algunos de los temas cubiertos tienen que ver con cosas que todos enfrentamos durante nuestro día con la lucha contra Satanás.

Mientras Satanás permanezca cubierto será capaz de seguir con sus malas obras, pero cuando la luz de la Palabra de Dios resplandece en sus obras, ya no puede utilizar sus engaños. Ciertamente no queremos permitir el diablo tenga una ventaja sobre nosotros debido a nuestra ignorancia sobre las artimañas que usa **(2 Corintios 2:11)**.

La Descripción y Andanzas De Satanás, y su cuaderno de trabajo que lo acompaña, es una exposición de Satanás y sus métodos y de cómo sobreponerse a él a través de la guerra espiritual. ¡Como vencedores nosotros tenemos la victoria!

Capítulo 1
La Descripción y Andanzas de Satanás

¿Quién es Satanás?

2 Corintios 2:11 dice, "Para que Satanás no gane ventaja alguna sobre nosotros; pues no ignoramos sus maquinaciones".

Antes de mencionar algunas de las maquinaciones de Satanás, es necesario saber quién es él. El nombre de Satanás proviene de una palabra hebrea que significa adversario, un enemigo, y un acusador. En la Palabra de Dios descubrimos que Satanás es el enemigo del Señor y se opone a todo lo que Dios respalda y favorece. Satanás es el archienemigo del bien.

Aun cuando algunos puedan sorprenderse, Satanás no fue siempre malvado. Al principio, fue un ángel creado en perfección y belleza. Los ángeles fueron dotados de voluntad con una elección moral libre, y Lucifer (Satanás antes de ser expulsado del cielo) eligió hacer el mal y rebelarse contra Dios. Fue arrojado del cielo a la tierra a causa de su pecado. Ahora su dominio se limita a la tierra y el infierno.

"¡Cómo caíste del cielo, oh Lucero, hijo de la mañana! Cortado fuiste por tierra, tú que debilitabas a las naciones. Tú que decías en tu corazón: Subiré al cielo; en lo alto, junto a las estrellas de Dios, levantaré mi trono, y en el monte del testimonio me sentaré, a los lados del norte; sobre las alturas de las nubes subiré, y seré semejante al Altísimo. Mas tú derribado eres hasta el Seol, a los lados del abismo" (Isaías 14:12-15).

El pecado de Satanás fue de orgullo y codicia. Codiciaba el trono de Dios y enfrentó su voluntad a la voluntad de Dios. En esta parte de la escritura, en cinco ocasiones dijo, "yo haré".

Todavía hoy éste es el pecado del hombre: el rechazo a la voluntad de Dios, con la misma actitud de "yo haré" negándose a cumplirla con la misma desafiante y orgullosa actitud que tuvo Satanás, Satanás decidió rebelarse y esto lo llevó al infierno. En la actualidad, los hombres hacen la misma elección y, aquellos quienes se rebelen al final caerán a la fosa con el diablo.

Lucifer había sido dotado de gran belleza y recorría el santo monte de Dios. Pero aun con todo esto, no se sentía conforme con su posición. Al tratar de usurpar la autoridad a Dios, el pecado entró en él cuando intentó derribar el reino del Dios.

"...Así ha dicho Jehová el Señor: Tú eras el sello de la perfección, lleno de sabiduría y acabado de hermosura. En Edén, en el huerto de Dios estuviste; de toda piedra preciosa era tu vestidura; de cornerina, topacio, jaspe, crisólito, berilo y ónice; de zafiro, carbunclo, esmeralda y oro; los primores de tus tamboriles y flautas estuvieron preparados para ti en el día de tu creación. Tú, querubín grande, protector, yo te puse en el santo monte de Dios, allí estuviste; en medio de las piedras de fuego te paseabas. Perfecto eras en todos tus caminos desde el día que fuiste creado, hasta que se halló en ti maldad. A causa de la multitud de tus contrataciones fuiste lleno de iniquidad, y pecaste; por lo que yo te eché del monte de Dios, y te arrojé de entre las piedras del fuego, oh querubín protector. Se enalteció tu corazón a causa de tu hermosura, corrompiste tu sabiduría a causa de tu esplendor; yo te arrojaré por tierra; delante de los reyes te pondré para que miren en ti.

Con la multitud de tus maldades y con la iniquidad de tus contrataciones profanaste tu santuario; yo, pues, saqué fuego de en medio de ti, el cual te consumió, y te puso en ceniza sobre la tierra a los ojos de todos los que te miran. Todos los que te conocieron de entre los pueblos se maravillarán sobre ti; espanto serás, y para siempre dejarás de ser" (Ezequiel 28:12-19).

Según estos versículos, Dios no creó a Lucifer como un ser malvado, sino perfecto. Pero Satanás por propia elección se hizo malo y fue expulsado del cielo.

Satanás es expulsado del cielo

El Señor nunca quiso que el mal existiera. Simplemente era lo opuesto al bien y, como se necesita una voluntad libre para que el mal exista, Lucifer fue el primer ser creado que opuso su voluntad a la de Dios. A partir de entonces, otros han hecho lo mismo. Satanás causo que un tercio de los habitantes del cielo cayera con él cuando influenció a otros seres angélicos para hacer la guerra a Dios **(Apocalipsis 12:4)**. También ellos fueron expulsados del cielo. Y desde aquel momento, a causa de su elección, se han convertido en espíritus malignos que ahora rondan la tierra con Satanás como líder y maestro. Estos seres sobrenaturales invisibles todavía tienen poder, pero se dirige hacia las malas obras de las malignas de la obscuridad.

Satanás aún gobierna la tierra, no sólo ejerce control sobre los malos espíritus, sino sobre todo hombre impío que elige el mismo camino de rebelión contra Dios. Es el príncipe de las tinieblas de este mundo. Leyendo los pasajes anteriores podemos tener noción de su malvada sabiduría, fuerza, resplandor, e inevitable fin. Debemos recordar que su poder es limitado, si bien su poder es real. Aquellos que lo desconocen e ignoran sus maquinaciones se vuelven inevitablemente sus víctimas.

Jesús derrota a Satanás

Aquellos que "nacen de nuevo" y están llenos del Espíritu de Dios, no tienen por qué temer a este ser malvado ya que ha sido derrotado por nuestro Dios. Jesús lo venció y lo privó de poder dos mil años atrás. Jesús pagó el precio de nuestros pecados en la cruz, y después se levantó de entre los muertos trayendo vida a todos aquellos que le siguieran. La autoridad de Satanás le ha sido arrebatada. A través de Jesucristo tenemos autoridad sobre él. "**...y el que vivo, y estuve muerto; mas he aquí que vivo por los siglos de los siglos, amén. Y tengo las llaves de la muerte y del Hades**" (Apocalipsis 1:18).

El capítulo **12** de **Apocalipsis** narra la derrota de Satanás por parte de Cristo. Primero se nos ofrece una visión de lo que sucedió en el cielo, luego la Biblia revela la escena en la tierra, **"Después hubo una gran batalla en el cielo; Miguel y sus ángeles luchaban contra el dragón; y luchaban el dragón y sus ángeles; pero no prevalecieron, ni se halló ya lugar para ellos en el cielo. Y fue lanzado fuera el gran dragón, la serpiente antigua, que se llama diablo y Satanás, el cual engaña al mundo entero; fue arrojado a la tierra, y sus ángeles fueron arrojados con él. Entonces oí una gran voz en el cielo, que decía: Ahora ha venido la salvación, el poder, y el reino de nuestro Dios, y la autoridad de su Cristo; porque ha sido lanzado fuera el acusador de nuestros hermanos, el que los acusaba delante de nuestro Dios día y noche. Y ellos le han vencido por medio de la sangre del Cordero y de la palabra del testimonio de ellos, y menospreciaron sus vidas hasta la muerte. Por lo cual alegraos, cielos, y los que moráis en ellos. ¡Ay de los moradores de la tierra y del mar! porque el diablo ha descendido a vosotros con gran ira, sabiendo que tiene poco tiempo"** (Apocalipsis 12:7-12).

Tenemos poder sobre el diablo

Aunque Satanás solo tiene un corto tiempo, está haciendo gran daño en la tierra hoy en día. Él particularmente ha intensificado su obra debido a la cercanía de la venida del Señor. Él sabe que dice la Biblia que, en esa hora él será arrojado fuera de la tierra, tal como se le echó del cielo.

Cuando pertenecemos a Dios y caminamos en Su voluntad, no tenemos motivo para temer al diablo. En realidad, se nos ha impartido autoridad sobre Satanás y todos sus demonios.

"Volvieron los setenta con gozo, diciendo: Señor, aun los demonios se nos sujetan en tu nombre. Y él les dijo: Yo veía a Satanás caer del cielo como un rayo. He aquí os doy potestad de hollar serpientes y escorpiones, y sobre toda fuerza del enemigo, y

nada os dañará. Pero no os regocijéis de que los espíritus se os sujetan, sino regocijaos de que vuestros nombres están escritos en los cielos" (Lucas 10:17-20).

Muchos hijos de Dios sufren innecesariamente bajo la opresión de Satanás y obras malas porque no se les ha enseñado que tienen autoridad en Cristo. En el nombre de Jesús podemos echar fuera los demonios y liberar a los cautivos **(Marcos 16:17-18)**. El Señor nos dijo que nada podría dañarnos y que todo el poder sobre el diablo será nuestro.

¿Deberíamos ignorar a Satanás?

Mucha gente dice que no quiere hablar del diablo para no darle gloria alguna. Sin embargo, la Biblia no enseña que lo ignoremos y que él huirá; por el contrario, dice que debemos resistirle al diablo y que entonces él huirá **(Santiago 4:7)**.

¿Cómo resistimos al diablo? Resistimos usando la Palabra de Dios en contra de él. Tenemos que hablar del diablo para saber cómo derrotarlo y descubrir sus perversas maneras de obrar. No podemos vencer a un enemigo que ignoramos. La forma en la que la gente habla del diablo es lo que causa un desequilibrio. Cuando se da origen al temor, no es del Señor.

Estar demasiado consciente de los demonios puede generar temor. Ciertas personas se vuelven tan obsesivas con el diablo que ven demonios en todos y en todo. Este extremo debe evitarse; pero tampoco debemos caer en el otro extremo, negando por completo la existencia del diablo, los demonios y el infierno eterno.

En realidad esta postura extrema es una de las maquinaciones favoritas de Satanás, el creer que él y sus hordas demoníacas no existen. A Satanás le gustaría que nosotros creyéramos que él es sólo un mito, un personaje con aspecto de tonto, siempre vestido de rojo y con una larga cola. Sin embargo, Satanás es muy real. Y si miramos alrededor, nos enseñará las obras de las que él es responsable: droga, violencia, enfermedad, perversión sexual, hogares destruidos, odio racial, brujería, pecado, y división en el cuerpo de Cristo. Satanás intenta escapar a su culpa por todas estas malvadas obras mintiendo a la gente, y dice: "Este problema sucede porque vives en este mundo, y estas cosas forman parte de este mundo. Mientras estés aquí, tendrás que soportar enfermedades, desgracias, tempestades,..." Pero frente a esto, Dios declara, **"Estas cosas os he hablado para que en mí tengáis paz. En el mundo tendréis aflicción; pero confiad, yo he vencido al mundo" (Juan 16:33)**. No tenemos que soportar los ataques satánicos contra nosotros y nuestros seres queridos, a través de la oración podemos vencer tal como Jesús lo hizo.

Satanás acusa a Dios

Otra maquinación del diablo es culpar a Dios por nuestros problemas. Satanás manda accidentes, tragedias, enfermedades, crisis económicas, y luego trata de convencernos de que Dios está castigándonos por algo malo que hicimos. Esta malvada mentira del enemigo difama a nuestro precioso Padre que tanto nos ama, y envió a Su único Hijo para morir por nuestros pecados. Si Él estaba dispuesto a hacer esto, desprendiéndose de Su más preciada posesión por nosotros, ¿sería capaz de mandarnos cosas horribles, negándonos las buenas cosas? No, nuestro Dios vino a redimirnos de la maldición y no a ponerla sobre nosotros. Satanás es el causante de los problemas, el ladrón, el hurtador, el maestro de la mentira. Mientras vivió en la tierra, Jesús hizo el bien, sanando a los enfermos, liberando a los cautivos, ministrando el mensaje de amor. La verdad es que Dios nos castiga a través de Su Palabra. Cuando actuamos mal, nuestro espíritu es castigado y el Señor nos habla de eso que está mal en nosotros. **"...y habéis ya olvidado la exhortación que como a hijos se os dirige, diciendo: Hijo mío, no menosprecies la disciplina del Señor, ni desmayes cuando eres reprendido por él" (Hebreos 12:5)**.

Debemos reconocer que la raíz de nuestros problemas es el pecado y que el diablo nos influencia para que pequemos, dando así lugar a tales problemas. Jesús murió para liberarnos del pecado y también de los problemas resultantes del pecado.

Dos poderes en la tierra

Es necesario que veamos la verdadera naturaleza de Dios. Conocer los atributos de Dios nos ayudará a percibir el contraste extremo que existe con la naturaleza de Satanás. Satanás se opone diametralmente a todo aquello a favor de lo cual está Dios. Es necesario que entendamos que hoy sólo existen dos poderes sobrenaturales en la tierra y que siempre somos influenciados por uno o por otro. No podemos permanecer neutrales. En realidad, ambos poderes son dos leyes opuestas que están operando en el mundo: "la ley de la vida en Cristo" y "la ley del pecado y la muerte" controlada por Satanás. **"Porque la ley del Espíritu de vida en Cristo Jesús me ha librado de la ley del pecado y de la muerte" (Romanos 8:2).**

Siervos de Satanás

Muchos sirven a Satanás por ignorancia y no se dan cuenta de que son sus víctimas y prisioneros. **"Teniendo el entendimiento entenebrecido, ajenos de la vida de Dios por la ignorancia que en ellos hay, por la dureza de sus corazón" (Efesios 4:18).** Pero otros han decidido deliberadamente seguir al diablo.

"Estando atestados de toda injusticia, fornicación, perversidad, avaricia, maldad; llenos de envidia, homicidios, contiendas, engaños y malignidades; murmuradores, detractores, aborrecedores de Dios, injuriosos, soberbios, altivos, inventores de males, desobedientes a los padres, necios, desleales, sin afecto natural, implacables, sin misericordia; quienes habiendo entendido el juicio de Dios, que los que practican tales cosas son

dignos de muerte, no sólo las hacen, sino que también se complacen con los que las practican" (Romanos 1:29-32).

Algunos han elegido seguir sus propios caminos y, de esta forma, están siguiendo al diablo porque el egoísmo es parte de su naturaleza.

"Porque habrá hombres amadores de sí mismos, avaros, vanagloriosos, soberbios, blasfemos, desobedientes a los padres, ingratos, impíos, sin afecto natural, implacables, calumniadores, intemperantes, crueles, aborrecedores de lo bueno, traidores, impetuosos, infatuados, amadores de los deleites más que de Dios" (2 Timoteo 3:2-4).

Otros han rechazado por completo a Cristo y, por lo tanto, son también seguidores de Satanás. **"…mas el que no creyere, será condenado" (Marcos 16:16).**

Observemos la naturaleza de Satanás porque entonces podremos reconocer sus maquinaciones. Sus mentiras pueden ser descubiertas cuando examinamos su origen, percibiendo que su obra está detrás. Cuando las descubrimos, podemos resistir y vencer al diablo. Es muy importante conocer la naturaleza y las tácticas de nuestro enemigo para poder derrotarlo.

Descubriendo las mentiras de Satanás

En **Apocalipsis 12:9** leemos la siguiente descripción del diablo, **"Y fue lanzado fuera el gran dragón, la serpiente antigua, que se llama diablo y Satanás, el cual engaña al mundo entero; fue arrojado a la tierra y sus ángeles fueron arrojados con él."** De aquí podemos ver, que uno de los papeles más importantes que tiene Satanás es el de engañador. Ha engañado a todo el mundo. Cuando "nacemos de nuevo" en el reino del Señor, no formamos más parte de este mundo. Si buscamos sólo la verdad de Dios, no quedaremos bajo la esclavitud de las mentiras y engaños del diablo. **"El cual nos ha librado de la potestad de las tinieblas y nos ha trasladado al reino de su amado Hijo" (Colosenses 1:13).** El único poder que tiene

Satanás sobre cualquier hijo de Dios es el poder del engaño, y puede ser vencido cuando buscamos al Señor y la verdad de Su Palabra. La verdad es que Satanás no tiene poder sobre los cristianos, excepto el que ellos mismos le permiten tener. De otra manera, la gente del mundo, los que no son creyentes, no tienen ninguna protección frente al diablo y sus maldades. Lo único que les guarda de la muerte inmediata es la misericordia y la gracia de Dios, porque Él no quiere que ninguno perezca. **"El Señor no retarda su promesa, según algunos la tienen por tardanza, sino que es paciente para con nosotros, no queriendo que ninguno perezca, sino que todos procedan al arrepentimiento" (2 Pedro 3:9).**

En Génesis encontramos el primer relato de una mentira de Satanás cuando, bajo la forma de una serpiente, engaña al primer hombre y la primera mujer que Dios creó. **Génesis 1 y 2** registran la creación de la tierra y la especial creación de Dios, es decir, el hombre. **"Entonces dijo Dios: Hagamos al hombre a nuestra imagen, conforme a nuestra semejanza; y señoree en los peces del mar, las aves de los cielos y las bestias, en toda la tierra y en todo animal que se arrastra sobre la tierra. Y creó Dios al hombre a su imagen, a imagen de Dios lo creó; varón y hembra los creó. Los bendijo Dios…" (Génesis 1:26-28).** Al mirar esta historia trágica, descubriremos que las mismas mentiras que Satanás dijo a Adán y Eva son las que todavía usa hoy para hacer que el hombre peque, rompa su comunión con Dios. Su método para atacar no ha cambiado. Al estudiar **Génesis 1** podemos comprender y beneficiaremos grandemente con el relato de la invasión del planeta tierra por este poder hostil, lo veremos intentando golpear a Dios a través de a de aquellos que Él ha creado y tanto ama.

En el jardín de Edén existía una dulce comunión entre el hombre y Dios. Satanás sabía que si lograba romper los lazos de esa comunión y causar que esos dos seres que moraban en el jardín salieran y se independizaran tal como él lo había hecho, entonces Dios perdería algo realmente valioso para Él.

Eva cree una mentira

Observemos el método que la serpiente, es decir, Satanás, usa para engañar al hombre. Muy sutilmente se acercó primero a Eva, desafiando las instrucciones de Dios dadas a Adán y a Eva. **"La serpiente era más astuta, más que todos los animales del campo que Jehová Dios había hecho, la cual dijo a la mujer: ¿Conque Dios os ha dicho: —No comáis de todo árbol del huerto? Y la mujer respondió a la serpiente: Del fruto de los árboles del huerto podemos comer; pero del fruto del árbol que está en medio del huerto dijo Dios: No comeréis de él, ni lo tocaréis, para que no muráis. Entonces la serpiente dijo a la mujer: No moriréis; sino que sabe Dios que el día que comáis de él, serán abiertos vuestros ojos, y seréis como Dios, sabiendo el bien y el mal. Y vio la mujer que el árbol era bueno para comer, y que era agradable a los ojos, y árbol codiciable para alcanzar la sabiduría; y tomó de su fruto, y comió; y dio también a su marido, el cual comió así como ella"** (Génesis 3:1-6).

Vemos en este relato, que el primer método de Satanás consiste en poner duda sobre el juicio de Dios, cuestionando Sus límites sobre el hombre: "¿Conque Dios os ha dicho...?" Luego la serpiente pone tres tentaciones delante de ellos: la lujuria de la carne, la lujuria de los ojos y la vanagloria de la vida. **"Porque todo lo que hay en el mundo, los deseos de la carne, los deseos de los ojos, y la vanagloria de la vida, no proviene del Padre, sino del mundo"** (1 Juan 2:16).

Las cosas de este mundo todavía tientan al hombre. La palabra griega que se usa en las Escrituras para "mundo" es "kosmos". En el estudio de las Escrituras, nos encontramos que se emplea principalmente de cuatro modos. Primero, referida al universo material, el mundo, esta tierra, como se ve en **Mateo 13:35, Juan 1:10, y Marcos 16:15**.

El segundo uso de la palabra griega "kosmos" o "mundo" alude a los habitantes, los hombres del mundo, como se ve en **Juan 3:16** y otras Escrituras donde está implícita la idea de la raza humana en su totalidad. Una tercera definición para "kosmos" se traduce como "esta era", como se encuentra en **Mateo 13:39**. La cuarta definición de "mundo" tal como se usa en **1 Juan 2:16** (este es el mundo al cual se nos dijo que no debemos amar, que está bajo el dominio de Satanás), es el "kosmos" de los sistemas morales y espirituales denominado sociedad humana. Una sociedad caída que es el ámbito del mundo consistente en un cúmulo de bienes, riquezas, ventajas, placeres, objetivos intelectuales, educación, ciencia, sistemas religiosos hechos por el hombre, negocios, medicina, artes y política. De esta definición de "kosmos" habla la Palabra de Dios cuando expresa que está bajo el control de Satanás.

Muchos no nos damos cuenta de que, cuando tocamos las cosas que componen esta sociedad caída, estamos tocando el poder de Satanás. De esta manera, si no las sometemos al poder y la guía de Dios, nos vamos haciendo "independientes" a medida que usamos de ellas.

No era la idea de Dios negar al hombre el acceso al árbol del conocimiento del bien y del mal, sino que Su plan era permitir que sus ojos se abrieran a tiempo al bien y el mal, permitiéndole finalmente participar del árbol de la vida, cuando ya hubiese madurado lo suficiente como para vivir eternamente en ese estado. Al comer el fruto antes de tiempo, trajo la muerte en lugar de la sabiduría y la vida, tal como Dios había dicho.

Muerte espiritual

La muerte física no sobrevino de inmediato, pero sí la muerte espiritual. Murieron por dentro primero. Ya no podían mirar de frente a Dios. Cuando pecamos, experimentamos idéntico sentimiento. El temor y la vergüenza son frutos del pecado. Muchos temen hoy a Dios por el pecado que está en sus vidas. Si permanecemos en comunión con Dios cada día, descubrimos que, a medida que le obedecemos, la culpa y el temor que nos preocupa se desvanecen. Sin embargo, al pecar sin arrepentimiento nos apartamos de la presencia de Dios, tal como Adán y Eva lo hicieron.

"Entonces fueron abiertos los ojos de ambos, y conocieron que estaban desnudos; entonces cosieron hojas de higuera, y se hicieron delantales. Y oyeron la voz de Jehová Dios que se paseaba en el huerto, al aire del día; y el hombre y su mujer se escondieron de la presencia de Jehová Dios entre los árboles del huerto. Mas Jehová Dios llamó al hombre, y le dijo: ¿Dónde estás tú? Y él respondió: Oí tu voz en el huerto, y tuve miedo, porque estaba desnudo; y me escondí. Y Dios le dijo: ¿Quién te enseñó que estabas desnudo? ¿Has comido del árbol de que yo te mandé no comieses? Y el hombre respondió: La mujer que me diste por compañera me dio del árbol, y yo comí. Entonces Jehová Dios dijo a la mujer: ¿Qué es lo que has hecho? Y dijo la mujer: La serpiente me engañó, y comí. Y el Jehová Dios dijo a la serpiente: Por cuanto esto hiciste, maldita serás entre todas las bestias y entre todos los animales del campo; sobre tu pecho andarás, y polvo comerás todos los días de tu vida" (Génesis 3:7-14).

Vemos que Adán y Eva no sólo sintieron temor y vergüenza, sino que se advierte otro pecado surgiendo de la naturaleza misma de Adán al intentar justificar su fracaso para obedecer. Culpa a Dios por haberle dado a la mujer que lo llevó por el mal camino. Adán no asume la responsabilidad de su pecado ni la de proteger a la mujer.

Hoy somos culpables de lo mismo cuando, con frecuencia, nos descubrimos culpando a Dios por nuestros fracasos y desobediencias, o echando la culpa a la gente que nos rodea. El verdadero problema está en nosotros. Dios tiene un plan perfecto para cada persona, pero muchos no están dispuestos a caminar según ese plan. Nuestra sociedad está tan ansiosa por obtener todo de inmediato que la mayoría de la gente falla en esperar que Dios ponga en marcha Su plan.

El castigo del pecado

El plan de Dios para Adán y Eva era perfecto; sin embargo, su desobediencia alteró ese plan original de Dios. Se les negó el derecho al árbol de la vida mientras estaban en la tierra. También recibieron castigos por su rebeldía.

"A la mujer dijo: Multiplicaré en gran manera los dolores en tus preñeces; con dolor darás a luz los hijos; y tu deseo será para tu marido, y él se enseñoreará de ti. Y al hombre dijo: Por cuanto obedeciste a la voz de tu mujer, y comiste del árbol de que te mandé diciendo: No comerás de él; maldita será la tierra por tu causa; con dolor comerás de ella todos los días de tu vida. Espinos y cardos te producirá, y comerás plantas del campo. Con el sudor de tu rostro comerás el pan hasta que vuelvas a la tierra, porque de ella fuiste tomado; pues polvo eres, y al polvo volverás" (Génesis 3:16-19).

"Echó, pues, fuera al hombre, y puso al oriente del huerto de Edén querubines, y una espada encendida que se revolvía por todos lados, para guardar el camino del árbol de la vida" (Génesis 23-24).

A Satanás no le importaba en absoluto el sufrimiento que seguiría a la desobediencia del hombre. Lo único que deseaba era la ruptura de la santa comunión entre Dios y Sus hijos. Fue su objetivo entonces y es todavía hoy en día su objetivo. Engaña a los cristianos y los motiva a apartarse, a ser "independientes", destruyendo así su fe en Dios.

El camino de Satanás es el egoísmo

El hombre se rinde al diablo cuando anda en su propio camino egoísta. La naturaleza de Satanás es caracterizada al exaltar el "Yo" a través del poder de la voluntad carnal. Esto es exacto lo que es el "humanismo". El hombre busca ser "independiente" del poder de Dios. De esta manera, los pecados de orgullo, lujuria, gula, codicia y tantos otros intereses del "yo" son parte de la naturaleza de Satanás. La naturaleza de Dios es amor, y el amor se caracteriza por el dar todo. **"Porque de tal manera amó Dios al mundo, que ha dado a su Hijo unigénito, para que todo aquel que en él cree, no se pierda, mas tenga vida eterna" (Juan 3:16).**

Las escrituras nos enseñan a "negar el yo". Esto significa que debemos renegar o rechazar el admitir el "poder de la voluntad del yo" en nosotros que sólo busca satisfacer el "yo". Debemos entregar todo nuestro ser a Dios y amarlo con todo el corazón, la mente, el cuerpo, el alma y nuestras fuerzas. La medida en que nos rendimos o servimos al "yo" refleja el grado de nuestra entrega al espíritu de Satanás, el cual es un mentiroso y tipifica la búsqueda egoísta del "yo".

Miremos ahora otro aspecto de la obra de Satanás como engañador. Después de que nosotros hayamos venidos al Señor y comprometido nuestras vidas por completo a Dios, ya no queremos desagradarle y nos alejamos de las obras obvias de las tinieblas. El diablo entonces deja de acosarnos con las tentaciones habituales porque aprendimos a resistirlo y no entregarle esas áreas de nuestra vida. Por lo tanto, Satanás debe venir de otra manera para que creamos que lo que nos propone es la voluntad de Dios, sino, sabríamos reprenderle. Así es como imita al Espíritu Santo intentando que recibamos su plan para nuestra vida en vez del plan de Dios.

El mal puede convertirse al bien

Muchos hemos sido engañados en este sentido al tomar decisiones que después descubrimos que estas decisiones eran engaños del enemigo. Creíamos que hacíamos la voluntad de Dios pero, aprendimos que habíamos sido engañados. Eva fue inocentemente engañada por la serpiente y luego, por la gracia de Dios, Él prometió que de su semilla vendría aquel que derrotaría al que le había mentido. **"Y pondré enemistad entre ti y la mujer, y entre tu simiente y la simiente suya; ésta te herirá en la cabeza, y tú le herirás en el calcañar" (Génesis 3:15).**

¡Sí, Dios puede hacer que las mentiras del enemigo se conviertan en armas de victoria frente a él! La transgresión voluntaria trae el juicio de Dios, aun cuando el transgresor pueda ser perdonado. Aún más, cada cosa simple en la cual Satanás nos haya engañado haciéndonos víctimas inocentes de sus maldades, puede transformarse en la causa misma de su derrota.

Dios da consuelo a los que han sido engañados por Satanás. Esto es particularmente cierto en el caso de hijos de Dios engañados por "manifestaciones sobrenaturales" que más tarde demostraron no provenir de Dios, y también para aquellos que han caído en depresión, tinieblas y gran desesperación. Podemos levantarnos de la desesperación pidiendo a Dios que todo lo que Satanás puso en nuestra vida para mal, Él lo vuelva para nuestro bien y para todos aquellos involucrados. **Génesis 50:20** declara, **"Vosotros pensasteis mal contra mí, mas Dios lo encaminó a bien, para hacer lo que vemos hoy, para mantener en vida a mucho pueblo."**

Orgullo y belleza son trampas

El orgullo es otro de los atributos de Satanás. Satanás se orienta este orgullo hacia su propia belleza y sus obras. **Ezequiel 28:17** dice, **"Se enalteció tu corazón a causa de tu hermosura, corrompiste tu sabiduría a causa de tu esplendor; yo te arrojaré por tierra; delante de los reyes te pondré para que miren en ti."** Muchos están afligidos hoy por el mismo orgullo. El mundo busca la belleza como nunca antes. Accesorios de belleza, maquillaje, ropas seductoras, casas hermosas, autos lujosos y confortables son sólo algunos de los anhelos más comunes. En sí mismas estas cosas no son malas, pero sí es el codiciarlas. **"Porque todo lo que hay en el mundo, los deseos de la carne, los deseos de los ojos, y la vanagloria de la vida, no proviene del Padre, sino del mundo" (1 Juan 2:16).** La inusual belleza de Satanás fue una de las causas de su propia destrucción porque contribuyó al exagerado crecimiento de su orgullo.

La belleza espiritual también puede ser una trampa mortal. Dios bendice a muchos con Sus dones y Su gracia, pero esos mismos dones se convierten en fuente de soberbia cuando la persona deja de manejarlos con humildad. Piensa que es mejor que los demás y pronto se adjudica el mérito de su santidad y espiritualidad, en vez de glorificar a Dios. En última instancia, esto la conduce a la caída. **"Antes del quebrantamiento es la soberbia, y antes de la caída la altivez de espíritu" (Proverbios 16:18).**

Muchos se resisten a devolverle los dones a Dios porque ellos aman que los demás los vean exhibiéndolos, y les agrada usarlos para manipular a otros. Si insisten en rechazar el rendirlos, el Espíritu Santo finalmente se apartará y Satanás felizmente reemplazará los dones de Dios con sus falsos dones. El cambio puede ser tan sutil que la persona ni siquiera reconozca el dominio de Satanás. Es más, muchas personas piensan que han recibido aún mayores dones. Sin embargo, a partir de este punto, esos dones no acentúan la comunión con el Señor, ni mueven las almas al arrepentimiento, ni son fuente de gozo y paz en el Señor. Los falsos dones que sustituyen a los verdaderos solamente excitarán la carne.

Un ejemplo serían las profecías que despiertan orgullo en otras personas, palabras de conocimiento que sólo hablan de las cosas de este mundo (casas, autos, tierras, negocios, etcétera) o palabras que acentúan el dar a los ministerios. Hay personas que, aun echando fuera demonios y haciendo obras asombrosas, su corazón no está correcto con Dios.

"Señor, Señor, ¿no profetizamos en tu nombre, y en tu nombre echamos fuera demonios, y en tu nombre hicimos muchos milagros? Y entonces les declararé: Nunca os conocí; apartaos de mí, hacedores de maldad" (Mateo 7:22-23).

El diablo es un mentiroso

Otra descripción que identifica a Satanás es la de lobo vestido de cordero. El propósito del lobo es robar, saquear, destruir. El Señor describe justamente así a Satanás. Los fariseos intentaban desacreditar el ministerio de Jesús, jactándose de que Abrahán era el padre de ellos. Jesús se fue al corazón de su lealtad en **Juan 8:44** cuando él dijo, **"Vosotros sois de vuestro padre el diablo, y los deseos de vuestro padre queréis hacer. Él ha sido homicida desde el principio, y no ha permanecido en la verdad, porque no hay verdad en él. Cuando habla mentira, de suyo habla; porque es mentiroso, y padre de mentira."**

El diablo es un mentiroso, un ladrón y un asesino. **Juan 10:10** declara que, **"El ladrón no viene sino para hurtar y matar y destruir; yo he venido para que tengan vida, y para que la tengan en abundancia."**

Reprender al diablo

Jesús describe a Satanás como el atracador y el ladrón. Tenemos que recordar esto para proteger aquellas cosas que Dios nos ha dado de las maquinaciones de Satanás. Cuando recibimos algo del Señor, el diablo se apronta para robárnoslo.

Cuando estamos salvados, de inmediato Satanás intenta convencernos de que, en realidad, no estamos salvados, o si hemos recibido una sanidad de parte de Dios, el tratará de disuadirnos. Puede ser entonces que por un mes o quizás más permanezcamos sin un síntoma de aquello de la que fuimos sanados, pero entonces Satanás nos dará un síntoma nuevamente tratando de convencernos de que perdimos lo que el Señor nos dio. Debemos aprender a pararnos firmes en la Palabra de Dios y no según nuestros sentimientos, porque el enemigo puede quitarnos nuestra herencia si no enfrentamos sus mentiras. Tenemos que reprender al diablo y reclamar las promesas de sanidad. Confiando y creyendo en Dios, encontraremos nuestra salud y la paz de nuestra mente restaurada. De esta manera es como debemos tratar al diablo cuando viene a robarnos lo que el Señor nos ha dado.

Si para empezar, nunca hemos recibido la sanidad, debemos buscar a Dios y comunión dentro de Él hasta llegar a ese punto donde podamos recibir la sanidad. Es inútil reprender los síntomas cuando aún no hemos recibido la sanidad, porque es necesario que seamos liberados de la causa o la raíz de la enfermedad antes de que nos deje definitivamente. Esa causa puede ser descubierta si buscamos a Dios de todo corazón y rendimos nuestra vida a Él para que nos use como quiera.

Venciendo las mentiras del diablo

El diablo no es solamente un ladrón y un atracador sino también un maestro mentiroso. Siempre está atacando la verdad de la Palabra de Dios. La gente cae en tales mentiras son aquellos que desconocen la Palabra de Dios. Satanás no tiene nuevas mentiras, solamente nuevas víctimas. Estas víctimas son aquellos que le creen. No hay tentaciones que otros ya no hayan experimentado.

"No os ha sobrevenido ninguna tentación que no sea humana; pero fiel es Dios, que no os dejará ser tentados más de lo que podéis resistir, sino que dará también juntamente con la tentación la salida, para que podáis soportar" (1 Corintios 10:13). Es necesario pedir a Dios continuamente que nos revele las mentiras y las tentaciones de Satanás, porque de esta forma podremos vencer a Satanás.

Jesús quiere darnos vida abundante, en cambio Satanás busca destruirnos. Estemos en guardia para no ser engañados por él, porque él jamás se nos acerca anunciándose asimismo como el diablo. Por el contrario, Satanás se muestra como una oveja en lugar de un lobo. **Mateo 7:15** dice, **"Guardaos de los falsos profetas, que vienen a vosotros como vestidos de ovejas, pero por dentro son lobos**

rapaces." Busquemos a Dios para tener discernimiento, así no nos engañarán las apariencias.

Con frecuencia, Satanás se muestra como el Espíritu Santo y nos habla como si fuera Dios. En **1 Pedro 5:8** se nos advierte, **"Sed sobrios, y velad; porque vuestro adversario el diablo, como león rugiente, anda alrededor buscando a quien devorar."** En este verso, vemos el diablo que viene a nosotros como león rugiente. La escritura llama a Jesús el León de Judá. **"Y uno de los ancianos me dijo: No llores. He aquí que el León de la tribu de Judá, la raíz de David, ha vencido para abrir el libro y desatar sus siete sellos" (Apocalipsis 5:5).** Porque Satanás imita al Señor Jesús (tratando de ser como el real León de Judá) debemos estar atentos, vigilantes y alertas porque Satanás es el león que busca devorar.

No ignores al diablo

No debemos ignorar al diablo sino más bien permanecer alertas, atentos. Como lo hemos mencionado anteriormente, algunas personas se molestan mucho cuando el tema de Satanás, el mal, y el infierno son discutidos. Afirman que no quieren hablar sobre el diablo. Sin embargo, la Palabra de Dios tiene mucho que decir al respecto. En realidad, las palabras Satanás, Lucifer, diablo e infierno se mencionan más de novecientas ochenta veces. El Señor no se calló en cuanto a estos temas sino que nos advirtió para que estuviéramos preparados para los ataques de Satanás y supiéramos qué hacer para vencer, y así escapar al infierno. El diablo está buscando a quien devorar y encuentra muchas víctimas fáciles porque no creen en la realidad de su actividad ni en la perspectiva del infierno. Satanás ha entenebrecido la mente de los que están en el mundo para que no distingan su imagen real ni vean el horrible destino que aguarda a sus seguidores.

Satanás aparece como "ángel de luz" para seducir a la gente y lograr que le sigan. Así como Jesús tuvo discípulos, él también los tiene. **"Porque éstos son falsos apóstoles, obreros fraudulentos, que se disfrazan como apóstoles de Cristo. Y no es maravilla,**

porque el mismo Satanás se disfraza como ángel de luz. Así que, no es extraño si también sus ministros se disfrazan como ministros de justicia; cuyo fin será conforme a sus obras" (2 Corintios 11:13-15).

Debemos observar las obras de los hombres para discernir cuál es el dios al que sirven, el dios de este mundo, Satanás, o el verdadero Dios viviente. No tenemos que mirar los dones de predicación, profecía, las posesiones materiales, ni o el número de sus seguidores. ¿Cuáles son sus obras que están produciendo? ¿Obras de la carne u obras del Espíritu? ¿Cuál es el fruto evidente en sus vidas? Es necesario que seamos capaces de reconocer a nuestro enemigo, así podremos vencerlo. Estamos en una guerra espiritual y no podemos luchar con un enemigo desconocido.

En la estrategia militar, una de los artefactos del enemigo consiste en camuflar sus tropas para no ser reconocido. Satanás usa este artefacto y viene a engañarnos, intentando que creamos que su plan es lo mejor para nuestra vida, en lugar del plan del Señor. Debemos estar seguros de que todo mensaje que recibamos concuerde con la Palabra de Dios; de no ser así, debemos descararlo. Debemos estar seguros de que nuestro propio corazón es recto ante Dios, porque un corazón limpio y puro nos guardará en la senda correcta. **"Bienaventurados los perfectos de camino, los que andan en la ley del Jehová" (Salmo 119:1).** La voluntad de Dios en nosotros nos proporcionará paz y descanso a nuestro espíritu, sin ansiedad ni inquietud. El camino de Satanás es de intranquilidad y angustia. **"Pero los impíos son como el mar en tempestad, que no puede estarse quieto, y sus aguas arrojan cieno y lodo. No hay paz, dijo mi Dios, para los impíos" (Isaías 57:20-21).**

El Espíritu Santo es gentil, es paciente, no es brusco ni rudo. Deberíamos desconfiar de cualquier mensaje que nos empuje a actuar con precipitación, o brusquedad.

Después de verificar cada uno de estos puntos, si todavía tenemos paz profunda en el espíritu en cuanto a lo que vamos a hacer, entonces podemos marchar en fe confiados en que el Padre nos guardará en la decisión que tomemos. Nos protegerá sin permitir que seamos vencidos por el diablo.

1 Juan 4:4 dice, **"Hijitos, vosotros sois de Dios, y los habéis vencido; porque mayor es el que está en vosotros, que el que está en el mundo."**

Satanás es una falsa luz

Satanás es un ángel de falsa luz. Ciertamente tiene luminosidad y atractivo, pero su fuego se convierte en cenizas. La Biblia nos dice que quienes rehúsan ser seducidos por Satanás, un día podrán verlo tal como es.

"Se inclinarán hacia ti los que te vean, te contemplarán, diciendo: ¿Es éste aquel varón que hacía temblar la tierra, que trastornaba los reinos; que puso el mundo como un desierto, que asoló sus ciudades, que a sus presos nunca abrió la cárcel?" (Isaías 14:16-17).

"¡Cómo caíste del cielo, oh Lucero, hijo de la mañana! Cortado fuiste por tierra, tú que debilitabas a las naciones" (Isaías 14:12).

El nombre Lucifer proviene de las palabras latinas "lux" (luz) y "ferre" (llevar). El originariamente era un portador de luz. Pero al ser arrojado fuera del cielo, él es ahora solo el portador de luz "falsa" o "negra". Es el príncipe de las tinieblas y gran parte de su maligna tarea se lleva a cabo en lugares oscuros. Satanás también ataca los sitios oscuros de nuestro conocimiento de Dios porque, al no tener la luz de Dios en esas áreas, él es capaz de hacer su tarea de engañarnos.

La palabra hebrea para Lucifer es "heylel". Si analizamos su raíz, vemos que es una "falsa" luz o el "falso" hijo de la mañana. Jesús es la verdadera estrella de la mañana. La raíz de "heylel" es el vocablo "halal" cuyos variados significados describen a Satanás: brillar, mostrarse en forma espectacular, destacarse; ser clamorosamente absurdo, ser jactancioso u ostentoso, o ruidosamente tonto; también como un bruto. (Definición tomada de la Concordancia Strong).

El resplandeciente Lucifer es la antigua serpiente, el diablo. Las serpientes disfrutan de las cavidades oscuras; vemos así que la oscuridad se asocia mejor que la luz con las prácticas malignas de Satanás, como oscuros clubes nocturnos y bares, vehículos estacionados en la obscuridad de la noche. La mayoría de los delincuentes y abusadores merodean en la oscuridad. Las brujerías y sesiones de espiritismo se practican en la oscuridad. La Biblia dice, **"Y esta es la condenación: que la luz vino al mundo, y los hombres amaron más las tinieblas que la luz, porque sus obras eran malas. Porque todo aquel que hace lo malo, aborrece la luz y no viene a la luz, para que sus obras no sean reprendidas. Mas el que practica la verdad viene a la luz, para que sea manifiesto que sus obras son hechas en Dios" (Juan 3:19-21).**

Capítulo 2
Las religiones falsas de cultos y ocultos

Satanás ama la religión

Al actuar como ángel de luz, Satanás ha maquinado una imitación espiritual de todas las obras verdaderas de Dios. Uno de sus fraudes favoritos es que una "falsa religión" predique un "evangelio de imitación", es decir, que no es auténtico. Satanás ama la religión y ha logrado que muchísima gente practique falsas religiones en todo el mundo. Muchas de ellas incluso nombran a Jesús. A Satanás no le importa mezclar un poco de verdad en su contenido, siempre y cuando la Verdad -- Jesús -- no se enseñe. En realidad, en la mayoría de las falsas religiones existe un sutil entretejido de hilos de verdad con mentiras del diablo, ya que de otra manera no seduciría a la gente atrapándola. Satanás utiliza el anhelo por lo sobrenatural que hay en el hombre e inventa religiones en las que se dan manifestaciones sobrenaturales. Muchos preciosos cristianos han sido engañados y se han involucrado totalmente o parcialmente en una o más de estas falsas religiones. Dado que su origen está en el diablo, provocan una cantidad innumerable de innecesarios problemas y enfermedades en la vida de sus seguidores por ser formas variadas de idolatría.

Dioses e ídolos

¿Qué es idolatría? El rendir culto a cualquier dios que no sea el verdadero Dios viviente. Esta práctica no se limita a la oración durante el servicio religioso en la iglesia sino que también existe un amor intenso o una excesiva admiración hacia alguna cosa, incluyendo el reverenciar a cualquier deidad.

"No tendrás dioses ajenos delante de mí. No te harás imagen, ni ninguna semejanza de lo que esté arriba en el cielo, ni abajo en la tierra ni en las aguas debajo de la tierra. No te inclinarás a

ellas, ni las honrarás; porque yo soy **Jehová tu Dios, fuerte, celoso, que visito la maldad de los padres sobre los hijos hasta la tercera y cuarta generación de los que me aborrecen, y hago misericordia a millares, a los que me aman y guardan mis mandamientos"** **(Éxodo 20:3-6).**

La palabra "dios" tiene diversos significados. Cualquier cosa que un hombre pueda considerar de suma importancia en su vida, a la cual le atribuya un poder superior y por cuyo favor daría o haría lo que se le pidiera, puede correctamente considerarse como un "dios". Un hombre puede tener muchos dioses. Cuando se rinde culto a algo o alguien fuera del Dios de la Biblia, decimos que esa persona honra a un "ídolo".

Un ídolo puede tener apariencia atractiva, o bien ser de aspecto horrible. Puede ser un objeto concreto, un personaje mítico, un ideal de la mente; pero, es siempre algo a lo cual el hombre sirve con todo lo que es o lo que tiene. Muchos rinden culto a la bebida, al placer, al dinero, al poder, e incluso idolatran a otra persona. Cualquier cosa o cualquier ser humano que yo ponga en primer lugar en mi corazón es un dios para mí. A veces el hombre rinde culto a sí mismo, puede ser que lo haga viviendo para sí y haciendo sólo aquello que le agrada. Esto es en esencia la religión del "humanismo".

Colosenses 3:5 dice, **"Haced morir, pues, lo terrenal en vosotros; fornicación, impureza, pasiones desordenadas, malos deseos y avaricia, que es idolatría."** No debemos tener otros dioses en nuestra vida que sean más importantes que el verdadero Dios viviente. Cuando los cristianos hablan de Dios se refieren al Dios de Abrahán, Isaac y Jacob. El Dios y Padre de nuestro Señor Jesucristo. El Dios de la Biblia.

Religiones falsas

Las falsas religiones no predican el verdadero mensaje del evangelio que incluye el sacrificio de sangre de Jesús, Su segunda venida a esta tierra, un infierno real de fuego que es eterno, y el camino único al cielo solo a través de Cristo Jesús. Las falsas religiones nos muestran diversos caminos al cielo y subsecuentemente escapar del infierno, o lo ignoran por completo.

Observemos algunas de las bien conocidas religiones falsas consideradas como cultos. Tenga en cuenta que un culto presenta ciertas verdades de la Biblia pero tiene un error grave en una o más de las doctrinas de la Biblia. Algunas iglesias se han involucrado con las prácticas de los cultos al aceptar doctrinas que "añaden" o "quitan" a la Palabra de Dios. Algunas contienen un porcentaje mayor de error que otras pero cualquiera grado de error lleva a la desaprobación de Dios.

"Cuidarás de hacer todo lo que yo te mando; no añadirás a ello, ni de ello quitarás" (Deuteronomio 12:32).

"Yo testifico a todo aquel que oye las palabras de la profecía de este libro: Si alguno añadiere a estas cosas, Dios traerá sobre él las plagas que están escritas en este libro. Y si alguno quitare de las palabras del libro de esta profecía, Dios quitará su parte del libro de la vida, y de la santa ciudad y de las cosas que están escritas en este libro" (Apocalipsis 22:18-19).

Los cultos y los falsos movimientos religiosos

Angloisraelismo

Baha-li

Borgianismo Sueco

Budismo

Ciencia Cristiana

Cientología

Concilio Mundial de Iglesias

Concilio Nacional de Iglesias

Confucionismo

Eckankar
Espiritualismo
Evangelio Social
Fraternidad de las Fronteras Espirituales
Hinduismo
Humanismo
Iglesia de Dios Universal de Armstrong
Iglesia de la Unificación (Moon)
Islamismo
Jainismo
Judaísmo
Liberalismo
Libre masonería
Modernismo
Mormonismo
Movimiento de la Paz Interior
Movimiento Nueva Era
Musulmanes Negros
Neortodoxia
Nuevo Pensamiento
Reconciliación Última
Rosacrucismo
Sanidad Holística
Sikhs
Sociedad Teosófica
Sociedades Secretas
Taoísmo
Terapia Conceptual

Testigos de Jehová
Unidad, Escuela de Cristiandad
Unitarismo
Universalismo
YO SOY
Zoroastrismo

NOTA: Aunque algunas iglesias no se conocen tradicionalmente como cultos, adoptan prácticas de culto y, por lo tanto, se adhieren al error de ellos. Estas iglesias practican la idolatría pagana al rendir culto a estatuas y exaltar a otras personas por encima de Jesús. También se comunican con los muertos, lo cual está prohibido en la Biblia y se conoce como Nigromancia **(Deuteronomio 18:10-12)**. El legalismo es muy prevalente en estas iglesias. Hay en ellos personas que han aceptado a Jesús como Su Salvador personal y han "nacidos de nuevo", sin embargo nunca pueden alcanzar la vida victoriosa en Cristo a causa de la influencia que los cultos ejercen en estas iglesias. Ciertamente encontramos muchos otros cultos que no se mencionan aquí dado que la lista completa sería interminable. Estos cultos representan un desesperado intento de millones de personas por encontrar satisfacción a profundas y legítimas necesidades del espíritu humano que muchos no parecen haber encontrado en las iglesias establecidas. Dios ama a toda esta gente y anhela que venga al conocimiento de la verdad. (Algunas personas en estos grupos hay cristianos, porque han encontrado al Señor a pesar de los errores doctrinarios. El Espíritu Santo siempre hará intentos por alejarlos de la esclavitud de las sectas, si es que son de recto corazón.) La obra del Dr. Walter Martin, *El Reino de los Cultos*, es un estudio exhaustivo acerca de las doctrinas de culto si usted desea información sobre cualquiera de estos grupos.

El camino de Dios es estrecho

El camino de las masas no es la senda de la cual Jesús habla en la Biblia. **Mateo 7:13 y 14 dice, "Entrad por la puerta estrecha; porque ancha es la puerta, y espacioso el camino que lleva a la perdición, y muchos son los que entran por ella; porque estrecha es la puerta, y angosto el camino que lleva a la vida, y pocos son los que la hallan."**

Después de este versículo, el Señor nos advierte acerca de los falsos profetas que son como lobos hambrientos que podemos reconocer por sus frutos. Satanás busca llevar al hombre por cualquier camino, menos el que conduce a la vida en Cristo. La verdadera religión no es una iglesia o una denominación en particular, sino una actitud de nuestro corazón y una relación personal con Jesucristo. Nosotros somos la iglesia; nuestro cuerpo se convierte en el templo del Espíritu Santo cuando "nacemos de nuevo." El Señor nos guía a la comunión con otros miembros del cuerpo de Cristo y esas reuniones locales se conocen como la iglesia. No obstante, la totalidad de los creyentes constituye la verdadera iglesia, y el verdadero reino está dentro.

"Preguntado por los fariseos, cuándo había de venir el reino de Dios, les respondió y dijo: El reino de Dios no vendrá con advertencia, ni dirán: Helo aquí, o helo allí; porque he aquí el reino de Dios está entre vosotros" (Lucas 17:20-21).

Si conocemos personas que participan en algunos de estos cultos, debemos amarlas, orar por ellas y buscar la guía de del Señor para saber cómo ministrarles la verdad. No debemos condenarlas, porque Satanás las ha cegado y necesitan nuestro amor y nuestras oraciones.

Quizás usted haya estado involucrado con alguna de estos cultos sin saber que estaba en el error. Puede ser libre buscando al Señor y pidiendo que le revele Su verdad sobre este tema. Luego pídale al Señor que le libre de toda esclavitud espiritual y del involucramiento físicos. Si tuviese preguntas en cuanto a por que cualquiera de estas religiones son falsas o del error de alguna doctrina en particular, el Dr. Walter Martin ha escrito un excelente libro ya mencionado, *El Reino de los Cultos*, que trata sobre estos cultos y sus orígenes. Una buena manera de probar si alguno de ellos influye espiritualmente en su vida es prestar atención a su propia reacción al leer la lista anterior. Muchas personas se enojan cuando un culto determinado se menciona y no puedo creer que ese grupo en particular podría ser un error. Esto indica la necesidad de buscar al Señor (¿por qué el enojo si tienen la verdad?). Cuando caminamos en la verdad, no nos enojamos si alguien no coincide con nosotros. Tenemos el testimonio interior de la paz de Dios siempre que caminamos en la luz.

Doctrinas de demonios

El ocultismo es otra obra de Satanás que falsifica el verdadero culto a Dios y los dones del Espíritu. Ocultismo es involucrarse en las obras escondidas o secretas de las tinieblas. **"Porque no tenemos lucha contra sangre y carne, sino contra principados, contra potestades, contra los gobernadores de las tinieblas de este siglo, contra huestes espirituales de maldad en las regiones celestes" (Efesios 6:12).**

El ocultismo practica las cosas escondidas, secretas de las tinieblas y promueve doctrinas de demonios. Jamás ha existido un momento en la historia cuando las advertencias contra los peligros del ocultismo hayan sido más necesarias que ahora. Ha habido una inundación de la maldad de Satanás en los últimos años como nunca antes. El diablo sabe que le queda poco tiempo, así que está activo para atrapar a todos los que pueda. **"Pero el Espíritu dice claramente que en los postreros tiempos algunos apostatarán de la fe, escuchando a espíritus engañadores y a doctrinas de demonios" (1 Timoteo 4:1).**

Multitudes de cristianos y no cristianos por igual sufren de opresión física, mental, síquica y espiritual, pero son pocos los que se dan cuenta de que se debe a que se han dejado atrapar en la maraña diabólica del ocultismo, el cual está bajo influencia y control de los poderes de las tinieblas. Vamos a enumerar sólo las prácticas ocultas que son más comunes, ya que es imposible nombrarlos a todos.

Lo oculto y las prácticas ocultistas

Acupuntura

Registros Acásicos

Alquimia

Almanaque de Predicciones

Calendario Era de Acuario y Evangelio de Acuario

Proyección Astral o Viaje Astral

Astrología

Atlantis

Auras o Halo

Escritura Automática

Biorritmo

Artes Negras

Magia

Negra Misa

Perforación del Cuerpo

Canalización

Clariaudiencia

Clarividencia Encantos

Hechizos

Maleficios Talismanes

Pentagrama del Diablo

Análisis Onírico

Exorcismo

Percepción Extrasensorial

Buenaventura
Sortilegio
Artes Marciales
Adivinación
Gran Sello Grafología
Análisis de la Escritura
Horóscopos
Hipnosis
I Ching
Manifestaciones Demoníacas Directas o en Pesadillas
Cábala
Levitación
Materializaciones
Encarnaciones de Malos Espíritus
Médiums Psíquicos
Metafísica
Numerología (Falsa)
Quiromancia
Sanidad con el Péndulo
Frenología
Programación de la Persona
Retrato Síquico
Piramidología
Reencarnación
Satanismo
Biblia Satánica
Sesiones de Espiritismo
Brujería

Hechicería

Superstición

Golpeteo en la Mesa

Talismanes

Cartas de Tarot

Hojas de Té

Telepatía

Meditación Trascendental

Brujería y Fetiches

Objetos Voladores No identificados (OVNIS)

Ovnilogía

Vudú

Adivinación con el Agua Encantamiento o Brujería con el Agua

Magia Blanca

Yoga Estudios

Zodiacales

Borra de Café

Ventriloquía

Herejías dañinas

Exigiría un extenso volumen mencionar todas las Escrituras que revelan los errores en cada culto y grupo ocultista en particular, de modo que no lo analizaremos aquí. Sin embargo, hay ciertas características y marcas que identifican sus prácticas. Si estamos conscientes de esto, podemos evitar ser engañados y también ayudar a otros a ver el error. Los cultos y el ocultismo son perversiones religiosas que la Biblia denomina herejías.

"**Pero hubo también falsos profetas entre el pueblo, como habrá entre vosotros falsos maestros, que introducirán encubiertamente herejías destructoras, y aun negarán al Señor** que los rescató, atrayendo sobre sí mismos destrucción repentina. Y muchos seguirán sus disoluciones, por causa de los cuales el camino de la verdad será blasfemado, y por avaricia harán mercadería de vosotros con palabras fingidas. Sobre los tales ya de largo tiempo la condenación no se tarda, y su perdición no se duerme" (2 Pedro 2:1-3).

De una parte de este pasaje, **"y aun negarán al Señor que los rescató"**, podemos ver que una de las primeras señales de las falsas religiones es negar al Señor Jesús como Salvador del mundo. Está claro entonces que la prueba de una verdad representativa del Evangelio tiene relación con la definición de la persona y la obra de Jesucristo.

Jesús el Dios-Hombre

La verdad central del Cristianismo es la doctrina y la naturaleza de la persona de Cristo Jesús. El Cristianismo siempre afirma la verdadera deidad y la verdadera humanidad de nuestro bendito Salvador. Él es verdaderamente Dios y verdaderamente hombre, siendo la unión real de las dos naturalezas. La negación de la obra expiatoria de Cristo en la cruz es otra herejía aceptada por aquellos que son falsos. No toman en cuenta el derramamiento de la sangre de Jesús en la cruz, transformándose en "religiones sin sangre", hablando de Jesús como un buen hombre o un profeta de Dios, pero negándolo como el Hijo de Dios. Tampoco admiten Su nacimiento virginal, Su resurrección física, ni prestan atención a Su segunda venida a la tierra. Muchos de los cultos rechazan la Santísima Trinidad de Dios.

La pregunta "¿Qué pensáis del Cristo?" se responde correctamente sólo por el creyente cristiano. Los cristianos con regocijo responden, "Jesucristo es el Hijo unigénito del Dios viviente, es Dios encarnado bajo forma humana y nacido de una virgen. Es el Hijo del hombre, el único Salvador del mundo, el Autor y Consumador de nuestra fe quien, a través de Su muerte en la cruz, provee redención para todos los que en Él creen. Es el único que murió por nuestros pecados, que resucitó al tercer día, que vive para interceder por nosotros en la presencia del Padre y volverá un día en Su cuerpo glorioso para juzgar los vivos y los muertos cuando aparezca en Su reino. Es el Señor y Dios, y sólo en Él tenemos vida, y vida abundante. Jesús es el Hijo representado en la Deidad. El único y verdadero Dios es un Dios, eternamente existente en tres Personas: Padre, Hijo y Espíritu Santo. Cada Persona de la Deidad es eterna e igual a las otras. La Santa Biblia es el registro de la Palabra de Dios y es infalible. Es la autoridad última de toda doctrina cristiana. Jesucristo, nuestro Señor y Salvador, es la figura central de la Biblia y tenemos nuestra vida únicamente dentro de Él."

Las falsas concepciones de Dios y el Salvador refieren a ellos en términos como "la verdad ideal", "la idea divina", "el supremo personaje", "el principal agente de la vida", "la criatura de espíritu glorioso", "la unidad de toda la humanidad", y "el más grande maestro". Sus términos y definiciones acerca de Dios son vagos y confusos. Hablan de tener "una consciente comunión con Dios", "experimentando el orden eterno a través de una sublime paz interior" y "la unidad universal coexistiendo con el espíritu del hombre".

Confusión doctrinaria

La ambigüedad doctrinal es otra de las marcas definida de los cultos. Nunca son claros en sus definiciones o explicaciones y, con frecuencia, cambian sus creencias y reglas para adaptarlas a sus continuas alteraciones de la doctrina. Cuando alguna de sus creencias proviene de la Biblia, siempre proviene de segmentos de escrituras tomadas fuera de su contexto para ser interpretados de acuerdo a sus propias interpretaciones. Por lo general, un énfasis exagerado en una porción de la Palabra se convierte en la prueba de la verdadera religión para ellos. Si otros no aceptan o no creen sus doctrinas, no los consideran salvos.

Los cultos son exclusivistas

Los cultos son clanes, son exclusivistas y miran a todos los otros como si estuvieran perdidos, excepto los que pertenecen al grupo. Dejan de basar la salvación en la relación individual de una persona con Cristo y solamente la extienden a quienes pertenecen a su grupo. Esta membresía lleva a la gente a la esclavitud, ya que por lo general se requiere seguir un determinado conjunto de reglas con el fin de ser aceptable a Dios. Muchos se vuelven esclavos de sus líderes. Deben seguir sus consejos y mandatos porque, de no hacerlo, pierden la salvación. El cielo se alcanza trabajando para agradar a los líderes de estas falsas religiones. Algunos sirven a líderes vivos pero otros siguen a un "maestro" que escribió un libro considerado igual a la Biblia. Ejemplo de ello sería el Libro de los Mormones, el Corán, y los Vedas. Estos líderes son generalmente personas que han tenido una "revelación especial", según ellos. Siempre está presente un espíritu de orgullo y hay una excesiva estimación del "yo" en estos grupos. Se habla de "mi mensaje", "mi revelación", "mi liderazgo", y "mi pueblo." Los seguidores se vuelven tan ciegos que son incapaces de buscar una salida. Algunos viven esclavizados por un espíritu de temor y dependencia. Les encantaría ser libres pero viven amenazados, temiendo toda clase de desgracias y sufren creyendo que pueden condenarse si se alejan del grupo.

El espíritu de temor

Solamente a través de Cristo puede romperse este espíritu de temor y esclavitud. El temor nunca es del Señor. Una buena prueba para ver si servimos al verdadero Dios es observar si lo hacemos por temor o por amor. **"Porque no nos ha dado Dios espíritu de cobardía, sino de poder, de amor y de dominio propio" (2 Timoteo 1:7).** Dios conduce a Sus seguidores con amor y respeto. Las falsas religiones de Satanás esclavizan mediante el temor y las falsas promesas; siempre queda "algo en la rama" que uno nunca alcanza. La incertidumbre es otra de las armas favoritas de los cultos. Jamás se sabe con exactitud dónde se está ubicado o si se podrá alcanzar o no el cielo. El legalismo reina y hay una multitud de reglas para cumplir. Si se las viola, los líderes profetizan desastres. Cualquier cosa que cause esclavitud a una persona, jamás viene de Dios.

Jesús vino para hacernos libres. **"Y conoceréis la verdad, y la verdad os hará libres" (Juan 8:32).** Deberíamos escapar de todo aquello que pudiera ponernos bajo la esclavitud de un hombre o de Satanás. **"Por precio fuisteis comprados; no os hagáis esclavos de los hombres" (1 Corintios 7:23). "Porque el Señor es el Espíritu; y donde está el Espíritu del Señor, allí hay libertad" (2 Corintios 3:17).**

El infierno es una realidad

Otra de las marcas de las religiones de culto son sus concepciones acerca del infierno. Si no usan el temor al infierno para esclavizar a la gente, lo ignoran por completo.

Una de las mentiras favoritas de Satanás es tratar de convencer a las personas que sufren el infierno en la tierra y que no hay nada después de la muerte. También trata de conseguir que se crean la mentira de que solo la muerte trae un estado de sueño o descanso.

Otra doctrina enseña que el infierno es solo temporario y que, después de pasar por el fuego del infierno, la gente se limpia y purifica de tal modo que es aceptado en el cielo. Muchos cristianos que ignoran lo que dice la Palabra de Dios acerca de este tema, creen estas terribles herejías.

Los cultos también enseñan que el infierno es ese lugar donde las almas son simplemente aniquiladas, y que, por lo tanto, ya no existen. Algunos enseñan de la reencarnación, dando a la gente otra oportunidad para nacer en la tierra, tantas veces como sea necesario para purificarse y progresar hacia formas más elevadas cada vez que se vuelve a la vida. Otros dicen que el infierno es sólo un lugar apartado de Dios, pero que no es un sitio donde arda el fuego.

¿Qué dice la Biblia acerca del infierno? Jesús describe este lugar como un lugar de tanto horror que era preferible perder un miembro de nuestro cuerpo que fuera motivo de condenación con tal de no ir a ese sitio de terribles tormentos.

"Si tu mano te fuere ocasión de caer, córtala; mejor te es entrar en la vida manco, que teniendo dos manos ir al infierno, al fuego que no puede ser apagado, donde el gusano de ellos no muere, y el fuego nunca se apaga. Y si tu pie te fuere ocasión de caer, córtalo; mejor te es entrar a la vida cojo, que teniendo dos pies ser echado en el infierno, al fuego que no puede ser apagado, donde el gusano de ellos no muere, y el fuego nunca se apaga. Y si tu ojo te fuere ocasión de caer, sácalo; mejor te es entrar en el reino de Dios con un ojo, que teniendo dos ojos ser echado al infierno, donde el gusano de ellos no muere, y el fuego nunca se apaga" (Marcos 9:43-48).

Vemos claramente que la declaración de Jesús significa la exclusión de la esperanza en la restauración y que el castigo es eterno. Las palabras que para enfatizar se repiten tres veces son **"donde el gusano de ellos no muere, y el fuego nunca se apaga"**. Encontramos otro registro de los tormentos del infierno en **Lucas 16:19-26:**

"Había un hombre rico, que se vestía de púrpura y de lino fino, y hacía cada día banquete con esplendidez. Había también un mendigo llamado Lázaro, que estaba echado a la puerta de aquél, lleno de llagas, y ansiaba saciarse de las migajas que caían de la mesa del rico; y aun los perros venían y le lamían las llagas. Aconteció que murió el mendigo, y fue llevado por los ángeles al seno de Abraham; y murió también el rico, y fue sepultado. Y en el Hades alzó sus ojos, estando en tormentos, y vio de lejos a Abraham, y a Lázaro en su seno. Entonces él, dando voces, dijo: Padre Abraham, ten misericordia de mí, y envía a Lázaro para que moje la punta de su dedo en agua, y refresque mi lengua;

porque estoy atormentado en esta llama. Pero Abraham le dijo: Hijo, acuérdate que recibiste tus bienes en tu vida, y Lázaro también males; pero ahora éste es consolado aquí, y tú atormentado. Además de todo esto, una gran sima está puesta entre nosotros y vosotros, de manera que los que quisieren pasar de aquí a vosotros, no pueden, ni de allá pasar acá".

El infierno se describe no sólo como un terrible lugar de tormentos sino además como una separación de Dios y Sus santos; es un lugar donde el tormento es eterno.

El infierno fue creado para Satanás

Este sitio fue preparado para el diablo y sus ángeles caídos. Nunca hubo la intención para que el hombre fuera allí. El hombre va a ese lugar porque elige seguir a Satanás y sus malos caminos. **"Entonces dirá también a los de la izquierda: Apartaos de mí, malditos, al fuego eterno preparado para el diablo y sus ángeles" (Mateo 25:41).**

En el Nuevo Testamento, la palabra griega para "infierno" es "hades" y significa lo mismo que el término hebreo "seol" en el Antiguo Testamento. También se habla de él como la tumba, el hoyo y el lugar de la muerte. Se le ubica por debajo de la superficie de la tierra (**Números 16:30; Salmo 55:15**), por debajo de las profundidades del mar y también se lo llama "el abismo". Tiene puertas y rejas que mantiene a sus prisioneros. Los impíos van al fondo, a la región de constante tormento hasta el día del Juicio ante el Trono Blanco. El infierno es el lugar de la vergüenza, de remordimiento, de conciencia, de memoria y de angustia.

El paraíso

Había también otra región en el infierno que se conocía como "Paraíso", lugar adonde iban los justos muertos antes del Calvario, separado de las regiones inferiores por un inmenso abismo imposible de cruzar. Era un lugar de paz y consuelo llamado el "Seno de Abraham". No solamente Abraham estaba allí sino todos los santos del Antiguo Testamento, y fue donde permanecieron hasta la crucifixión de Cristo. Cristo entonces descendió al infierno (seol, hades) **(Salmo 16:10; Lucas 23:43)**. En Su ascensión, Jesús llevó "cautiva la cautividad" y libertó a los prisioneros de esperanza que estaban en el "Paraíso" (un compartimento dentro del infierno) conduciéndolos al cielo. **Efesios 4:8-10 dice, "Por lo cual dice: Subiendo a lo alto, llevó cautiva la cautividad, y dio dones a los hombres. Y eso de que subió, ¿qué es, sino que también había descendido primero a las partes más bajas de la tierra? El que descendió, es el mismo que también subió por encima de todos los cielos para llenarlo todo".**

Las puertas del infierno (seol, hades) no prevalecen frente a la iglesia de Jesucristo hoy, tal como sucedió una vez con los justos del Antiguo Testamento. En la actualidad, los verdaderos creyentes van directamente al cielo cuando mueren y no tienen que esperar en el "paraíso" como lo hicieron los santos del Antiguo Testamento **(Mateo 16:18; 2 Corintios 5:8)**.

El lago de fuego

Cristo tiene las llaves de la muerte y el infierno que en última instancia, tendrá que renunciar a sus muertos impíos para juicio. El seol y el hades, es decir, el infierno, concluirán entonces en "gehenna", "el Lago de Fuego" tomara su lugar. Las almas arderán por siempre y no podrán escapar. Esta es la muerte segunda.

"Y el que vivo, y estuve muerto; mas he aquí que vivo por los siglos de los siglos, amén. Y tengo las llaves de la muerte y del Hades" (Apocalipsis 1:18).

"Y el diablo que los engañaba fue lanzado en el lago de fuego y azufre, donde estaban la bestia y el falso profeta; y serán atormentados día y noche por los siglos de los siglos. Y vi un gran

trono blanco y al que estaba sentado en él, de delante del cual huyeron la tierra y el cielo, y ningún lugar se encontró para ellos. Y vi a los muertos, grandes y pequeños, de pie ante Dios; y los libros fueron abiertos, y otro libro fue abierto, el cual es el libro de la vida; y fueron juzgados los muertos por las cosas que estaban escritas en los libros, según sus obras. Y el mar entregó los muertos que había en él; y la muerte y el Hades entregaron los muertos que había en ellos; y fueron juzgados cada uno según sus obras. Y la muerte y el Hades fueron lanzados al lago de fuego. Esta es la muerte segunda. Y el que no se halló inscrito en el libro de la vida fue lanzado al lago de fuego" (Apocalipsis 20:10-15).**

El infierno y el fuego del infierno son realidad según la Palabra de Dios, y todo aquel que afirme otra cosa está en un error y promueve una falsa doctrina.

Seguidores esclavizados

El Nuevo Testamento enfatiza el hecho de que los líderes cristianos jamás deben dominar la vida de otras personas. **"Ruego a los ancianos que están entre vosotros, yo anciano también con ellos, y testigo de los padecimientos de Cristo, que soy también participante de la gloria que será revelada: Apacentad la grey de Dios que está entre vosotros, cuidando de ella, no por fuerza, sino voluntariamente; no por ganancia deshonesta, sino con ánimo pronto; no como teniendo señorío sobre los que están a vuestro cuidado, sino siendo ejemplos de la grey" (1 Pedro 5:1-3).**

Los auténticos hombres de Dios guían a sus seguidores siendo ejemplo para ellos. El dinero no puede influenciarlos. Los cultos y el oculto tienen el "amor al dinero" como raíz de sus religiones. **"Porque raíz de todos los males es el amor al dinero, el cual codiciando algunos, se extraviaron de la fe, y fueron traspasados de muchos dolores" (1 Timoteo 6:10).**

Los verdaderos líderes de Dios invitan a los cristianos a dar con alegría, de todo corazón, mientras ellos mismos guardan su vida en un plano de sacrificio personal, tal como los primeros líderes cristianos lo hicieron. Esto contrasta notablemente con los seguidores de los cultos de hoy día. Ellos destacan que el dinero entregado para la causa comprara beneficios de los seguidores. Ellos ofrecen sanidad y liberación de los accidentes por un precio. Uno puede comprar su propia salvación por un precio. Los seguidores son presionados y explotados al punto de agotamiento económicamente. Hay muchos relatos de esposas e hijos que han sido traídos hasta el punto del hambre y empobrecimiento a causa de las contribuciones al culto de sus esposos y padres. Enamorado del nuevo líder espiritual, olvidó la clara enseñanza de la Escritura, **"Porque si alguno no provee para los suyos, y mayormente para los de su casa, ha negado la fe, y es peor que un incrédulo" (1 Timoteo 5:8).**

Los líderes de las falsas religiones tienen la conciencia reseca y se gratifican con sólidas viviendas, espaciosas fincas, gran cantidad de valores en el mundo de los negocios, mientras sus seguidores viven en necesidad y pobreza. **"Pero el Espíritu dice claramente que en los postreros tiempos algunos apostatarán de la fe, escuchando a espíritus engañadores y a doctrinas de demonios; por la hipocresía de mentirosos que, teniendo cauterizada la conciencia..." (1 Timoteo 4:1-2).** Estos hombres malvados esclavizan a quienes los siguen no sólo física y materialmente sacándoles dinero, sino sicológica y espiritualmente también.

Falsa revelación

Otra "bandera roja de alerta" para tener en cuenta como señal de los falsos cultos es la promesa de una "revelación secreta" a los miembros del grupo. Numerosas sociedades secretas dan información y privilegios solamente a quienes las integran y prometen un desarrollo espiritual que no es alcanzable para otros. Siempre que algo se presenta como "secreto", "especial", o como "el misterio oculto", sólo para unos pocos, los pocos que se unen a ellos, podemos deducir que no es del Señor. Jesús vino con Sus enseñanzas y Su mensaje de salvación para todos.

En los Estados Unidos, la brujería prospera a causa de los líderes que proclaman haber descubierto los "secretos" de la prosperidad, la salud, la victoria frente al medio ambiente, o alguna otra búsqueda o deseo. La gente siente predisposición a congregarse en torno al líder religioso que afirma haber descubierto "el secreto" y desea comunicarlo a sus seguidores, por supuesto por un precio.

"Porque se levantarán falsos cristos, y falsos profetas, y harán grandes señales y prodigios, de tal manera que engañarán, si fuera posible, aun a los escogidos. Ya os lo he dicho antes. Así que, si os dijeren: Mirad, está en el desierto, no salgáis; o mirad, está en los aposentos, no lo creáis" (Mateo 24:24-26).

Revelación de los misterios

La gran mayoría de la gente ignora que todos los misterios ocultos serán revelados a los seguidores de Cristo y que se dan gratuitamente, sin costo alguno.

"Y les dijo: A vosotros os es dado saber el misterio del reino de Dios..." (Marcos 4:11).

"Y al que puede confirmaros según mi evangelio y la predicación de Jesucristo, según la revelación del misterio que se ha mantenido oculto desde tiempos eternos, pero que ha sido manifestado ahora, y que por las Escrituras de los profetas, según el mandamiento del Dios eterno, se ha dado a conocer a todas las gentes para que obedezcan a la fe" (Romanos 16:25- 26).

Sin embargo, el infeccioso engaño de los promotores de los cultos continúa mientras seducen almas inestables para que se alejen de la clara y evidente verdad de Dios, indagando los "misterios" indemostrables que ellos mismos no pueden explicar. Usan largos discursos, hacen muchas preguntas, pero no dan respuestas verdaderas porque su discurso es un mero rodeo sin contenido.

Uno de los dones de Dios para Sus auténticos ministros es la capacidad de tomar los misterios de Dios y hacerlos simples. **"Así que, teniendo tal esperanza, usamos de mucha franqueza" (2 Corintios 3:12).** Como sinónimos de "franqueza" pueden usarse "sencillez", "naturalidad", o "claridad".

La dirección habitual en los promotores de los cultos y los falsos profetas consiste en tomar la sencilla verdad de la Palabra de Dios y convertirlo en un mensaje misterioso. La palabra "oculto" significa "secreto" o "escondido", vemos así que es un método que utiliza Satanás para engañar a los que desconocen la Palabra de Dios. La claridad en las creencias es una de las características del verdadero cristianismo.

Los cultos y el ocultismo desalientan la actividad del hombre como un todo. Enfatizan la parte espiritual del hombre, o bien el plano del alma (mente, emociones y voluntad), o la parte física del hombre. Muchos son alentados a volverse tan espirituales que ignoran todas las necesidades de la vida diaria. No piensan ni razonan sino que sólo aceptan las verdades espirituales como son enseñadas por aquellos con autoridad. La mente no es importante, según ellos. Esto contradice lo que enseña la Palabra de Dios al decirnos que canalicemos los pensamientos hacia ciertas áreas y no a otras. En **Filipenses 4:7 y 8** leemos, **"Y la paz de Dios, que sobrepasa todo entendimiento, guardará vuestros corazones y vuestros pensamientos en Cristo Jesús. Por lo demás, hermanos, todo lo que es verdadero, todo lo honesto, todo lo justo, todo lo puro, todo lo amable, todo lo que es de buen nombre; si hay virtud alguna, si algo digno de alabanza, en esto pensad".**

Falsa meditación

Los grupos de meditación alientan a la gente a dejar la mente en blanco, lo cual la abre a influencias demoníacas. A los cristianos se nos enseña que debemos pensar sobriamente y no que dejemos la mente en blanco. Debemos amar a Dios con toda nuestra mente, nuestra alma y con todo nuestro espíritu. **"Amarás al Señor tu Dios con todo tu corazón, y con toda tu alma, y con toda tu mente. Este es el primero y grande mandamiento" (Mateo 22:37-38).**

Numerosos cultos oprimen a personas de naturaleza pasiva buscando implantarles ideas y pensamientos, sin resistencia de su parte. Algunos grupos enfatizan el placer físico, mientras algunos lo niegan en forma extrema. La trinidad del hombre se ignora o se lo empuja al desequilibrio permitiendo que el enemigo se apropie de la vida de innumerables víctimas.

Son muchas las falsas doctrinas que sobre enfatizan la separación del espíritu y el cuerpo del hombre permitiendo al cuerpo a pecar, proclamando que el espíritu es santo y no peca, por lo cual no importa lo que el cuerpo o el alma haga. En el libro *Sanación del Espíritu, Alma y Cuerpo*, hacemos un estudio completo sobre esto demostrando que el espíritu, el alma y el cuerpo funcionan como una unidad y el orden adecuado para su función es el espíritu renacido a cargo del alma (mente, emociones, voluntad) con el cuerpo sujeto a ellos.

Las falsas religiones también llegan a extremos ensenando al ascetismo lo que abusa del cuerpo de hombre. Todos los deseos físicos y los placeres físicos naturales se cree que son malos por lo que se practica una estricta autonegación con propósitos religiosos. Hay quienes enseñan que incluso el sexo en el matrimonio es impuro y, por este camino, finalmente destruyen esos matrimonios.

Legalismo sin misericordia

Otra marca de los cultos y el ocultismo es el legalismo extremo que existe dentro de tales organizaciones. Con su enfoque legalista de las Escrituras fijan reglas y reglamentos para cumplir, olvidando la misericordia y la fe. Jesús habló de los escribas y los fariseos de Su tiempo culpándolos de lo mismo.

"¡Ay de vosotros, escribas y fariseos, hipócritas! porque diezmáis la menta y el eneldo y el comino, y dejáis lo más importante de la ley: la justicia, la misericordia y la fe. Esto era necesario hacer, sin dejar de hacer aquello" (Mateo 23:23).

Los líderes de estos cultos se elevan a sí mismos como mesías exaltados y son egoístas presuntuosos. Si somos conscientes de estas herejías organizadas, podremos cuidarnos y también alertar a otros.

Revisión de las falsas doctrinas

En resumen, lo cultos y ocultismo se orientan a una visión religiosa o un líder, ambos centrados en falsas doctrinas. Las marcas identificadoras son: una revelación extra Bíblica; la salvación fuera de Jesucristo; manipulación de los adeptos a través del temor; esclavitud frente a las reglas fijadas por la organización; un liderazgo egocéntrico; la explotación económica; lo secreto; la perversión de doctrinas bíblicas fundamentales; verdades bíblicas parciales que se enseñan a extremos; y/o la afirmación de que solamente ese grupo irá al cielo.

La participación en los cultos trae maldición

El peligro de involucrarse con estos grupos es muy grave porque el Señor ha pronunciado una maldición sobre todo involucramiento en práctica satánica. Muchos padecen hoy persecuciones demoníacas bajo la forma de temores anormales, pesadillas, inesperados sonidos y visiones que les atormentan, accidentes raros, enfermedades fatales, dolencias y males tortuosos directamente atribuibles a una vinculación con lo oculto.

Muchos cristianos ni siquiera se dan cuenta de que su participación en cualquiera de tales organizaciones (sea en el pasado o en el presente) abre la puerta a las influencias demoníacas y ataques. Si miramos la Palabra de Dios, notamos que Él nos advierte claramente que evitemos estos cultos y prácticas de culto.

"Cuando entres a la tierra que Jehová tu Dios te da, no aprenderás a hacer según las abominaciones de aquellas naciones. No sea hallado en ti quien haga pasar a su hijo o a su hija por el fuego, ni quien practique adivinación, ni agorero, ni sortílego, ni hechicero, ni encantador, ni adivino, ni mago, ni quien consulte a los muertos. Porque es abominación para con Jehová cualquiera que hace estas cosas, y por estas abominaciones Jehová tu Dios echa estas naciones de delante de ti. Perfecto serás delante de Jehová tu Dios. Porque estas naciones que vas a heredar, a agoreros y a adivinos oyen; mas a ti no te ha permitido esto Jehová tu Dios" (Deuteronomio 18:9-14).

Muchas personas, por ignorancia, se involucran en actividades que son abominación delante del Señor porque no son conscientes que la Palabra de Dios ofrece contundentes advertencias para que nos mantengamos apartados de tales cosas.

El poder de la brujería satánica

Deuteronomio 18:10 comienza con una lista de las prácticas que Dios condena, **"No sea hallado en ti quien haga pasar a su hijo o a su hija por el fuego".** Un espíritu maligno está detrás de esto. Los budistas tai todavía practican el caminar sobre el fuego. A través del poder de Satanás, son cuidados de quemarse físicamente pero el alma se liga en esclavitud espiritual y, en última instancia, los conduce al eterno fuego del infierno.

La adivinación es lo siguiente, y aquí de nuevo nos encontramos con personas que participan en esto buscando el consejo de los adivinos, lectores de palma, los espiritualistas, etc. Satanás proporciona un cierto conocimiento mediante un espíritu de adivinación, y ese débil hilo de verdad termina envolviendo el alma de las víctimas con gruesas cuerdas de maldad.

Una de las formas más comunes de brujería, en la que muchos cristianos caen ciegamente atrapados, es la "observación de los tiempos". Los nombres comunes son astrología, horóscopo y consulta del almanaque. En los últimos años, esta práctica se ha popularizado y en todas partes se escucha la pregunta "¿De qué signo eres?" Esta es una abominación sutil porque muchos piensan que no causa ningún daño y que es divertida, aun cuando digan que no lo creen. No debemos comprometernos con las obras de las tinieblas ni siquiera "por diversión" y esperar salir intacto. Muchos sufren de depresión por participar en este pecado. También produce un espíritu de división que rompe los hogares y causa rebeldía en los hijos. Mucha gente que no admite que sus problemas son espirituales y, en su lugar, acusa su compañero, los hijos, el trabajo, las circunstancias o una multitud de otras cosas por los problemas que enfrenta en su vida. Las dificultades subsistirán mientras se siga participando en estas actividades diabólicas.

Otras formas de brujería son la adoración de Satanás, aquellos involucrados en misas negras, la magia negra, la magia blanca, el encantamiento (desde los encantadores de serpientes a los que lanzan hechizos y supuestamente evitan el mal), el consultor de los espíritus de muertos, los magos (los que practican hechicería; el vocablo griego para "hechicería" es "pharmakia" del cual deriva el término moderno "farmacia"; drogas, hechizos, pociones y venenos son usados por los magos), la nigromancia (médiums que realizan sesiones de espiritismo para llamar a los muertos, ignorando que tales "muertos" son en realidad espíritus malignos que los personifican).

Hay una maldición sobre todo el que, de una u otra manera, participa de estos pecados y abominaciones.

"Vendrá, pues, sobre ti mal, cuyo nacimiento no sabrás; caerá sobre ti quebrantamiento, el cual no podrás remediar; y destrucción que no sepas vendrá de repente sobre ti. Estate ahora en tus encantamientos y en la multitud de tus hechizos, en los cuales te fatigaste desde tu juventud; quizás podrás mejorarte; quizás te fortalecerás. Te has fatigado en tus muchos consejos. Comparezcan ahora y te defiendan los contempladores de los cielos, los que observan las estrellas, los que cuentan los meses, para pronosticar lo que vendrá sobre ti. He aquí que serán como tamo; fuego los quemará, no salvarán sus vidas del poder de la llama; no quedará brasa para calentarse, ni lumbre a la cual se sienten" (Isaías 47:11-14).

¿Cómo podemos escapar de la maldición y ser libres de las consecuencias de nuestra participación en estas prácticas?

En primer lugar, debemos ser honestos con el Señor y admitir nuestro pecado, aunque lo hubiéramos ignorado en el tiempo que lo hicimos. Después, debemos arrepentirnos y renunciar a toda vinculación con el pasado en esas áreas, las cuales el Señor dice que son abominaciones para Él.

Los objetos satánicos deben destruirse

Algunas de estas relaciones pueden ser objetos que fueron utilizados en las prácticas de culto y el ocultismo. Estos objetos representan a Satanás y debemos limpiar nuestro hogar de ellos. Se nos ordena hacerlo en la escritura de **Deuteronomio 7:25 y 26** que dice, **"Las esculturas de sus dioses quemarás en el fuego; no codiciarás plata ni oro de ellas para tomarlo para ti, para que no tropieces en ello, pues es abominación a Jehová tu Dios; y no traerás cosa abominable a tu casa, para que no seas anatema; del todo la aborrecerás y la abominarás, porque es anatema".**

Muchos cristianos han traído ídolos y otras obras del mal dentro de sus casas ignorando el daño y la maldición que entran con ellos. Los ídolos o las estatuas que se usan para rendir culto se prohíben específicamente en las Escrituras. Las estatuillas de Buda son los ídolos que se ven más a menudo en los hogares. Satanás ha engañado a la gente presentando tales ídolos como elementos decorativos. Objetos como estos deberían quemarse o destruirse porque abren nuestra vida al yugo del diablo y sus ataques.

Símbolos del anticristo

Algunos de los objetos u ídolos no son reconocidos como tales a consecuencia de las tradiciones de los hombres. Pidamos al Espíritu Santo que nos dé sabiduría y discernimiento en este sentido. Algunos se usan como joyas y parecen inocentes hasta que el Espíritu nos revela lo que realmente son.

Por ejemplo, existe una pieza de joyería que usan los cristianos que realmente es un antiguo símbolo de la fertilidad en Egipto. Esto se conoce como el "ankh". Se parece a una cruz, excepto por el óvalo en la parte superior.

Los anillos del humor o de los estados de ánimo están en la misma categoría, así como las fantasías y los emblemas portando el "símbolo de la paz" conocido en la brujería como "cruz rota" o "quebrada", una burla a la muerte de Jesús.

La "Estrella de David" es otro adorno muy popular que usan los cristianos, ignorando la verdad, para honrar su supuesta herencia judía. Si bien es cierto que Dios ama al pueblo judío tanto como ama a todas las personas; sin embargo, Él siente desagrado por su religión, es decir, el judaísmo por rechazar a Jesús como el Mesías. Por esta razón es una falsa religión. **"Sé que sois descendientes de Abraham; pero procuráis matarme, porque mi palabra no halla cabida en vosotros" (Juan 8:37)**. Los judíos que permanecen en el error, están perdidos y no son los "elegidos" sino más bien los "desheredados".

"Ni por ser descendientes de Abraham, son todos hijos; sino: En Isaac te será llamada descendencia. Esto es: no los que son hijos según la carne son hijos de Dios, sino que los que son hijos según la promesa son contados como descendientes" (Romanos 9:7-8).

"Y si vosotros sois de Cristo, ciertamente linaje de Abraham sois, y herederos según la promesa" (Gálatas 3:29).

En mi opinión, no deberíamos usar objetos que simbolicen la doctrina judía porque es una falsa religión. En realidad, la "estrella de David" es la misma estrella de seis puntas que forma el "hexagrama" utilizado en las misas negras cuando los brujos o hechiceros hacen encantamientos, hechizos, o envían embrujos o males sobre la gente. El término griego para seis es "hex". En la Biblia, el número seis simboliza el número del mal o del hombre y vemos que, en **Apocalipsis 13:18**, el "666" es el número de la bestia. La "estrella de David" nunca se menciona en las Escrituras y tampoco es de origen cristiano. Se origina en la brujería, y diversos cultos la usan en sus ritos. También la enciclopedia masónica la menciona junto con otros varios símbolos anticristianos.

Muchas veces aquellos que usan estos símbolos se abren a las obras de las tinieblas, tales como depresión, lujuria, inestabilidad emocional, enfermedades, accidentes, temor, etc. Deberíamos fijarnos en casa qué cuadros adornan las paredes y revisar el desván para ver si guardamos objetos y adornos del pasado, pidiendo al Espíritu Santo que nos indique qué cosas de la oscuridad tenemos que sacar de nuestro hogar. Sería una sabia medida tirar las cartas natales, los tableros "ouija", las cucharas de madera o de metal grabadas con rostros de dioses extraños de islas ignotas, lechuzas, serpientes y sapos decorativos, el dios sol, pinturas de Confucio, imágenes de serpientes y dragones, muñecas vudú, dioses chinos, alfombras con diseños orientales esotéricos, tapices con deidades hindúes, etcétera (**2 Reyes 23:7**).

Diversos objetos que se usan en la región suroccidental de Estados Unidos tienen origen en la hechicería practicada por los aborígenes americanos. Si tenemos tales cosas en casa, la oficina, o las llevamos con nosotros estamos permitiendo que un mundo de tinieblas esté sobre nuestra vida. Claramente, la enciclopedia define esos objetos como emblemas de los dioses aborígenes. Algunos de los símbolos que se usan para protección o bendición son:

Ojo de dios -- elemento decorativo hecho con hilo; simboliza la mirada atenta del curandero

Pájaro de trueno -- joyas, vasijas, adornos, etc.; es el portador sagrado de la felicidad sin límites

Arco -- protección de los dioses

Tótems -- caras de los dioses; los aborígenes elevan plegarias a ellos

Flor de la calabaza -- se usa en joyería; el pendiente tiene la forma de la luna en cuarto creciente o menguante, es un símbolo de la fertilidad

Serpiente -- representa desafío y sabiduría

Huella de oso -- presagio de buena suerte

Máscaras en madera de cedro -- espíritu de la lechuza o el búho que es su guardián en la noche

Todos estos objetos deberían quemarse, pero no regalarlos o venderlos porque podrían traer mal a otros. Esto puede parecer exagerado para algunos, pero **Deuteronomio 7:25** dice, **"Las esculturas de sus dioses quemarás en el fuego; no codiciarás plata ni oro de ellas para tomarlo para ti"**. ¿Queremos obedecer al Señor más allá del deseo por el dinero que estos objetos cuestan?

Si estos objetos pertenecen a miembros de nuestra familia que aún no comprenden el mal que representan, debemos ligar el poder de Satanás que podría venir a través de ese objeto pidiendo a Dios que ilumine el entendimiento de nuestros familiares. Sin embargo, si se trata de niños, debemos usar la autoridad que Dios nos ha dado como padres y no permitiremos que traigan el mal al hogar, sin considerar si entienden o no. Por supuesto que deberíamos de orar antes de sacar de sus habitaciones las cosas diabólicas; y, si los niños son suficientemente grandes, les debemos explicar lo que estamos haciendo. Sin embargo, si se resisten a desprenderse de esas cosas, debemos seguir adelante y procurar que los objetos se quiten.

Deben liberar tu casa de la brujería

Grabaciones y álbumes de música "rock" constituyen uno de los peores males en la vida de nuestros jóvenes. Incluso alguna música de "rock de Jesús" es destructiva porque el tipo de sonido que se escucha tiene origen en la brujería. Comprobamos el origen de la música al observar sus resultados. ¿Excita la carne o inspira la alabanza a Dios en nuestro corazón?

Descartemos los "posters" de cantantes rockeros, o con figuras o rostros de malos espíritus, o de estrellas de cine famosas por su vida abierta al pecado. También deberían evitarse las películas de ciencia ficción y películas que muestran prácticas de brujería y programas de la televisión promocionan las influencias mundanas y el mal también se debe evitar. Deberían destruirse los libros y las ropas que hacen propaganda a estas cosas. Muchos padres no comprenden por qué la rebeldía es tan fuerte en sus hijos, porque no se dan cuenta de que la participación en este tipo de prácticas son formas de brujería.

Estos males han sido diseñados por el diablo y son expresiones de brujería que llevan a terribles pecados de lujuria, pecados sexuales y uso de drogas. No es fácil liberar un niño de esta cadena después de vivir así por largo tiempo. Se necesita mucha oración, amor y el uso de todas nuestras armas contra Satanás. A Satanás no le gusta que aquellos que atrapa se escapen de sus trampas. Los niños que participan en estos males deben tener la oración de liberación rezada para ellos, ya que hay un demonio que debe ser tratado en estos casos. El poder del Espíritu Santo es lo único que puede libertar a alguien de la música "rock" y las drogas.

Otras cosas que son una abominación ante Dios son los libros y juegos de brujería, terror, ocultismo, magia, astrología, horóscopos, control mental, meditación trascendental, reencarnación, las profecías de Jean Dixon, los libros de Edgar Cayce, y otros escritos similares. Dios dice muy claramente en **Efesios 4:27, "Ni deis lugar al diablo"**. Debemos arrancar de nuestra vida todo lo que ofende al Señor. En **Hechos 19:18 y 19** vemos que los cristianos primitivos hicieron lo mismo, **"Y muchos de los que habían creído venían, confesando y dando cuenta de sus hechos. Asimismo muchos de los que habían practicado la magia trajeron los libros y los quemaron delante de todos; y hecha la cuenta de su precio, hallaron que era cincuenta mil piezas de plata"**.

Sin embargo, existe una actitud extrema que debe evitarse al tratar con objetos. Algunos ven demonios en todas las cosas. Satanás puede empujarnos al extremo de destruir objetos sin necesidad. Si tenemos algún interrogante sobre ciertos artículos, simplemente preguntemos al Espíritu Santo si es necesario destruirlo. Si son objetos que no tienen una naturaleza esotérica pero pertenecen a alguien malvado, el Señor nos dará Su sabiduría si lo buscamos para que nos guíe. Cuando se trata de objetos neutros, sencillamente ejercitemos nuestra autoridad espiritual y ordenemos que todas las ligaduras de maldad sean rotas en ellos.

Ligando los poderes de las tinieblas

Se nos ha dado poder sobre los objetos; los objetos no tienen poder sobre nosotros. Muchos cristianos sin darse cuenta son expuestos a objetos malignos en su lugar de trabajo, los negocios, en casa de amigos, etc. Sin embargo, estos no tienen ningún poder contra el cristiano que ejercita su fe sobre ellos. Estamos en el mundo pero no somos del mundo. **"No ruego que los quites del mundo, sino que los guardes del mal. No son del mundo, como tampoco yo soy del mundo. Santifícalos en tu verdad; tu palabra es verdad" (Juan 17:15-17).**

A medida que oremos por los engañados que no conocen la verdad de la Palabra de Dios sobre estos objetos de maldición, veremos que el Señor comienza a moverse en sus vidas. Hasta que puedan ver la luz, lo único que debemos hacer es ligar los poderes de las tinieblas en las cosas que los rodean. Esto les ayudará a liberarlos y los traerá a la verdad.

Cuida tus palabras

Existen palabras y expresiones que deberían evitarse en el vocabulario cristiano, tales como "suerte" o "afortunado", y tampoco usar los llamados amuletos para "la buena suerte" como la pata de conejo. La definición de "suerte" nos dice que es algo que sucede "por casualidad". Esto nos abre a la "buena" o la "mala" suerte. Como cristianos no vivimos por "casualidad" o según el "destino" sino por la fe en el Hijo del Dios viviente. Nuestra vida está destinada para que lleguemos a ser vencedores en Él.

Otras palabras poco saludables y negativas son "Me enferma...", "Me muero por...", "Sólo pensarlo me aterra...", o "Dudo que cambie alguna vez". Todas estas palabras son confesiones negativas y deberían evitarse por cuanto la enfermedad, la muerte, el temor y la duda vienen del diablo. Pidamos al Señor que limpie nuestro vocabulario.

Jurar y maldecir no son los únicos pecados de la boca que debemos enfrentar y quitar. Debemos ser serios en cuanto al vivir en la luz de la Palabra de Dios. En **Efesios 5:4-12** se nos dice, **"Ni palabras deshonestas, ni necedades, ni truhanerías, que no convienen, sino antes bien acciones de gracias. Porque sabéis esto, que ningún fornicario, o inmundo, o avaro, que es idólatra, tiene herencia en el reino de Cristo y de Dios. Nadie os engañe con palabras vanas, porque por estas cosas viene la ira de Dios sobre los hijos de desobediencia. No seáis, pues, partícipes con ellos. Porque en otro tiempo erais tinieblas, mas ahora sois luz en el Señor; andad como hijos de luz, (porque el fruto del Espíritu es en**

toda bondad, justicia y verdad), comprobando lo que es agradable al Señor. Y no participéis en las obras infructuosas de las tinieblas, sino más bien reprendedlas; porque vergonzoso es aun hablar de lo que ellos hacen en secreto".

Después de admitir nuestro pecado, arrepentirnos y pedir al Señor que limpie nuestra casa espiritual y física, el siguiente paso es tomar autoridad sobre los poderes de las tinieblas que nos han engañado y atrapado en las trampas del enemigo. Los creyentes en Cristo tienen el poder de hacerlo y los malos espíritus deben huir, si se les ordena que lo hagan en el nombre de Jesús. **"Y estas señales seguirán a los que creen: En mi nombre echarán fuera demonios..."** (Marcos 16:17).

Capítulo 3
El Mundo de Demonios

El pecado voluntario atrae los ataques demoníacos

La mayoría de los cristianos de hoy ignora totalmente la naturaleza de los malos espíritus (demonios) y muchos hasta preferirían que ni se los mencione. Eligen ignorar este aspecto del ministerio de Dios porque temen a lo que está más allá de su comprensión. Como resultado de esta ignorancia, multitudes sufren tormentos sin necesidad. Una de las más terribles malinterpretaciones de la verdad de Dios sostiene que los creyentes no deberían siquiera pensar que un demonio pueda ser su problema. Esta es un enseñanza de muchas iglesias, dando al diablo el espacio propicio para causar toda clase de tormentos mentales, temores, celos, odios, envidias, lujurias, orgullo, autocompasión, adicciones, gula y tantas otras formas de esclavitud y opresión, e indecibles contaminaciones.

Cuando pecamos voluntariamente, Satanás envía uno de sus demonios compatible con ese pecado en particular enraizado en nuestro interior. Así -- cada vez que damos lugar al mismo pecado -- ese espíritu toma control. Dado que su personalidad encaja con la de la víctima, se necesita discernimiento espiritual para detectarlo. Debemos recordar que los espíritus demoníacos son "seres invisibles" con inteligencia malvada que buscan cuerpos a través de los cuales pueden expresarse. Tales espíritus son emisarios enviados por Satanás, tienen personalidad y características que hacen de ellos seres inteligentes. Caminan, oyen, hablan, ven, obedecen, buscan, piensan, conocen y moran en el cuerpo llevando a cabo sus perversos propósitos (**Mateo 12:43-45; Marcos 1:23-24, 3:11**). Se sujetan a Cristo y los creyentes por Su sangre, en el nombre de Jesús y por el poder del Espíritu Santo. Cada demonio principal u "hombre fuerte" tiene una misión específica que podemos reconocer por su fruto o manifestación. Es necesario que busquemos a Dios y estudiemos Su Palabra para conocer la verdad sobre este tema tan controvertido.

¿Puede un cristiano tener un demonio?

Una de las maquinaciones astutas de Satanás consiste en generar división entre los cristianos respecto de este tema, ya que después puede moverse con libertad en ambos bandos. Un grupo rehúsa creer que un creyente pueda tener un demonio, mientras el otro ve demonios en todas las cosas. Ambos puntos de vista son extremos, pero si miramos la Palabra de Dios podemos hallar el equilibrio. Para contestar la pregunta "¿Puede un cristiano tener un demonio?" es necesario comprender las dos causas principales de los problemas de un cristiano.

El primer problema es lo que Pablo llama la "carne" en **Romanos 8:5-8** que dice, **"Porque los que son de la carne piensan en las cosas de la carne; pero los que son del Espíritu, en las cosas del Espíritu. Porque el ocuparse de la carne es muerte, pero el ocuparse del Espíritu es vida y paz. Por cuanto los designios de la carne son enemistad contra Dios; porque no se sujetan a la ley de Dios, ni tampoco pueden; y los que viven según la carne no pueden agradar a Dios"**. Ceder a "la carne" es el pecado.

La "carne" se define como la "mente carnal" y se considera enemistad con Dios. La mente carnal está en el alma del hombre. Después de la experiencia cristiana del "nuevo nacimiento", el cristiano es una "nueva criatura" pero, no obstante, enfrenta el problema de caminar en la carne en lugar de en el Espíritu. Su mente todavía no ha sido renovada por la Palabra de Dios, por lo cual (al menos que reconozca al "viejo hombre" muerto cuando es tentado) falla a Dios sucumbiendo a la "carne". Para preservar nuestro andar en el Espíritu, debemos dedicar la vida totalmente a Dios y, en todo momento, elegir Su senda de Dios.

La "carne" del hombre está bajo el dominio de Satanás y es parte de la antigua naturaleza adánica. La "carne" y el "mundo" están bajo la influencia de Satanás de modo que, cuando pecamos, nos hemos rendido a un ataque del diablo de una manera "indirecta". **Romanos 6:16** dice, **"¿No sabéis que si os sometéis a alguien como esclavos para obedecerle, sois esclavos de aquel a quien obedecéis, sea del pecado para muerte, o sea de la obediencia para justicia?"** El camino para librarnos del diablo en tales circunstancias es sometemos al Señor, resistir a Satanás, y entonces él huirá **(Santiago 4:7)**. Debemos crucificar la "carne" y elegir el camino de Dios en cada situación. **"Pero los que son de Cristo han crucificado la carne con sus pasiones y deseos" (Gálatas 5:24).**

Contaminación de carne y espíritu

La segunda causa de los problemas interiores de un cristiano son los malos espíritus o demonios que Satanás usa para presionar sobre algunos aspectos de la "carne" que todavía no han sido vencidos. Estos demonios no renuncian a su dominio al menos que se les ordene hacerlo. Algunos argumentan que un cristiano no puede tener un demonio dentro de él. Ellos dicen que ahora tienen a Cristo dentro de su espíritu, y Su Espíritu de Cristo y los malos espíritus no pueden coexistir. Debido a estas enseñanzas erróneas, son muchos los creyentes ligados por los poderes de las tinieblas cuando podrían vivir libres. Esto contradice las Escrituras ya que también Santiago está hablando a los creyentes cuando los exhorta en **Santiago 4:5** que dice, **"¿O pensáis que la Escritura dice en vano: el Espíritu que él ha hecho morar en nosotros nos anhela celosamente?"** Y **2 Corintios 7:1** dice, **"Así que, amados puesto que tenemos tales promesas, limpiémonos de toda contaminación de carne y de espíritu, perfeccionando la santidad en el temor de Dios".**

El Espíritu Santo ciertamente no necesita purificarse, pero el alma o la carne del hombre tienen contaminaciones y, muchas veces, los espíritus impuros deben ser echados fuera. Jesús llamaba "la casa" a nuestro cuerpo dejando en claro que, después de limpiarla, si no permanecemos llenos del Espíritu Santo, un demonio puede volver y entrar.

"Cuando el espíritu inmundo sale del hombre, anda por lugares secos, buscando reposo, y no lo halla. Entonces dice: Volveré a mi casa de donde salí; y cuando llega, la halla desocupada, barrida y adornada. Entonces va, y toma consigo otros siete espíritus peores que él, y entrados, moran allí; y el postrer estado de aquel hombre viene a ser peor que el primero. Así también acontecerá a esta mala generación" (Mateo 12:43-45).

Vemos aquí que una parte del reino de Satanás está formado por huestes de espíritus incorpóreos. Buscan entrar al cuerpo de los seres humanos o las bestias, y su obra crece grandemente cuando permanecen ocultos en el cuerpo del hombre. **"Y le rogaron todos los demonios, diciendo: Envíanos a los cerdos para que entremos en ellos"** (Marcos 5:12). Los demonios llevan a cabo sus obras de maldad y sus víctimas son acusadas por ello. Es cierto que la persona es responsable por el pecado que permitió la actividad demoníaca en su interior, pero termina siendo impulsada a hacer más de lo que se había propuesto, porque la personalidad maligna toma control de sus acciones.

Cadenas de iniquidad

Algunos niños nacen bajo una maldición y tienen demonios que los mueven a una conducta errática. Los padres ignoran por qué algunos niños sufren ataques de ira, golpeando la cabeza en el piso, o lloran y gritan descontroladamente, o se pegan y lastiman, o tienen pesadillas continuamente. Muchos niños, en realidad, tienen demonios y necesitan ser liberados.

Marcos 9:20 y 21 ofrece un relato sobre esto, **"Y se lo trajeron; y cuando el espíritu vio a Jesús, sacudió con violencia al muchacho, quien cayendo en tierra se revolcaba, echando espumarajos. Jesús**

preguntó al padre: ¿Cuánto tiempo hace que le sucede esto? Y él dijo: Desde niño".

Los demonios pueden atacar sin que haya pecado por parte de las víctimas, como en el caso de los niños. Los pecados de los padres traen maldición porque existe una "cadena de iniquidad" que debe romperse. **"No te inclinarás a ellas, ni las honrarás; porque yo soy Jehová tu Dios, fuerte, celoso, que visito la maldad de los padres sobre los hijos hasta la tercera y cuarta generación de los que me aborrecen, y hago misericordia a millares, a los que me aman y guardan mis mandamientos"** (Éxodo 20:5-6). Otra Escritura que habla de la "cadena de iniquidad" es **Jeremías 32:18** que dice, **"Que haces misericordia a millares, y castigas la maldad de los padres en sus hijos después de ellos; Dios grande, poderoso, Jehová de los ejércitos es su nombre".** También **Jeremías 16:19** e **Isaías 14:20-22** muestran que podemos heredar maldiciones espirituales por las malas obras de nuestros padres o antepasados.

Los demonios también pueden entrar cuando la voluntad de la persona se ha debilitado y ser derrotada de poder por el diablo. Esto sucede muchas veces cuando se atraviesa un terrible "shock" o se experimenta un accidente que produce un temor extremo a la persona. Se sabe que las víctimas de accidentes que quedan inconscientes por los golpes recibidos en la cabeza, con frecuencia están sujetas a invasión demoníaca. Los adictos y los alcohólicos eventualmente pueden tener demonios, dado que las drogas y el alcohol les anulan la voluntad, quedando abiertos a los ataques de Satanás.

Otros demonios son invitados a entrar en aquellos que permanentemente se entregan al pecado. La personalidad del demonio es compatible con ese pecado del individuo en particular donde se está metiendo. Si no busca al Señor para liberar a la persona, un demonio invitará a otros y la persona será poseída, como sucedía con María Magdalena que tenía siete demonios. **"Y algunas mujeres que habían sido sanadas de espíritus malos y de enfermedades: María,** que se llamaba Magdalena, de la que habían salido siete demonios" (Lucas 8:2).

Mucha gente desea ser liberada, pero continúa viviendo en la esclavitud. Reconocer que la necesidad de liberación es el primer paso a la libertad. Antes de venir a Cristo, el hombre tiene toda clase de cosas en el corazón y en el espíritu, y una de las primeras obras del Espíritu Santo es comenzar a limpiar esa "casa espiritual".

Un bello tipo de esto es el incidente de Jesús limpiando el templo contaminado por impíos. **"Y entró Jesús en el templo de Dios, y echó fuera a todos los que vendían y compraban en el templo, y volcó las mesas de los cambistas, y las sillas de los que vendían palomas; y les dijo: Escrito está: Mi casa, casa de oración será llamada, mas vosotros, la habéis hecho cueva de ladrones" (Mateo 21:12-13).**

Somos ahora el templo de Dios y, cuando el Espíritu Santo viene a nuestra vida, Él comienza el mismo proceso de "echar fuera" aquellas cosas que le ofenden a Él. **2 Corintios 6:16** dice, **"¿Y qué acuerdo hay entre el templo de Dios y los ídolos? porque vosotros sois el templo del Dios viviente, como Dios dijo: Habitaré y andaré entre ellos, y seré su Dios, y ellos serán mi pueblo".**

Los demonios esclavizan la persona a un pecado

Algunas veces, este proceso de purificación sucede en forma automática en el momento de la salvación, simplemente por la gracia de Dios y nuestra ignorancia de la existencia de algún demonio. Sin embargo, ciertas personas no siguen andando en la libertad del Espíritu de Dios y, por lo tanto, vuelven al mundo. Todos los viejos hábitos regresan para perseguirlos. Luego intentan conseguir la victoria pero descubren que algo más fuerte que su voluntad está controlándolas. Han dado lugar al diablo. **Efesios 4:22-32** nos advierte que no debemos dar lugar al viejo hombre porque es abrir la puerta al diablo.

Existen tres principales marcas identificadoras de los malos espíritus. Esclavizan, contaminan, atormentan. Si una persona ha renunciado al mal y ha entregado su vida a Cristo pero todavía no tiene paz, es muy probable que el problema sea la influencia de malos espíritus. Cuanto antes se reconozca a esta fuerza del mal y haya una aceptación del camino de Dios para ser libre, más pronto la persona podrá alcanzar una vida normal, feliz.

La necesidad de liberación en los cristianos es un hecho común y no debería verse como algo anormal o fuera de lo común. A través de todo el ministerio terrenal de Jesús se puso gran énfasis en echar fuera los demonios. No sólo personalmente Jesús liberó a la gente de los demonios sino que encomendó a Sus seguidores que hicieran lo mismo y les dio autoridad para usar Su nombre con el fin de que este milagro sucediera.

"Y se admiraban de su doctrina; porque les enseñaba como quien tiene autoridad, y no como los escribas. Pero había en la sinagoga de ellos un hombre con espíritu inmundo, que dio voces, diciendo: ¡Ah! ¿Qué tienes con nosotros, Jesús nazareno? ¿Has venido para destruirnos? Sé quién eres, el Santo de Dios. Pero Jesús le reprendió, diciendo: ¡Cállate, y sal de él! Y el espíritu inmundo, sacudiéndolo con violencia, y clamando a gran voz, salió de él. Y todos se asombraron, de tal manera que discutían entre sí, diciendo: ¿Qué es esto? ¿Qué nueva doctrina es ésta, que con autoridad manda aun a los espíritus inmundos, y le obedecen?" (Marcos 1:22-27)

"Después de estas cosas, designó el Señor también a otros setenta, a quienes envió de dos en dos delante de él a toda ciudad y lugar adonde él había de ir.... Volvieron los setenta con gozo, diciendo: Señor, aun los demonios se nos sujetan en tu nombre" (Lucas 10:1, 17).

El problema de los demonios era algo común y corriente en los tiempos de Jesús y, durante Su ministerio, Él lo enfrentó continuamente. **"Y sanó a muchos que estaban enfermos de** diversas enfermedades, y echó fuera muchos demonios; y no dejaba hablar a los demonios, porque le conocían" (Marcos 1:34). En la vida de Pedro, Pablo y Felipe encontramos relatos acerca de este mismo ministerio. **"Y la gente unánime, escuchaba atentamente las cosas que decía Felipe, oyendo y viendo las señales que hacía. Porque de muchos que tenían espíritus inmundos, salían éstos dando grandes voces; y muchos paralíticos y cojos eran sanados; así que había gran gozo en aquella ciudad" (Hechos 8:6-8).**

"Y aun de las ciudades vecinas muchos venían a Jerusalén, trayendo enfermos y atormentados de espíritus inmundos; y todos eran sanados" (Hechos 5:16).

Esta gente se acercaba a Felipe buscando liberación, "oyendo y viendo las señales que hacía". Sabemos que era evangelista, es decir, predicaba el mensaje de salvación y, seguramente, muchas personas fueron salvas al obedecer lo que Felipe predicaba. De lo cual se deduce que eran cristianos que necesitaban liberación.

Los demonios pueden causar enfermedad

La solución ante cualquier problema con un demonio es "echarlo fuera". El don de discernimiento de espíritus (**2 Corintios 12:10**) es impartido por el Señor como una ayuda para liberar a la gente de los malos espíritus. En el cuerpo de Cristo, Dios ha puesto miembros que tienen este don.

A veces, el problema no es un mal espíritu y la persona puede estar necesitando sanidad. En otros casos puede suceder lo contrario; una y otra vez se ha orado para que alguien sea sanado pero no recibe la sanidad porque un demonio es lo que causa la enfermedad y debe echársele fuera. En **Lucas 13:11-13** leemos una narración en este sentido:

"Y había allí una mujer que desde hacía dieciocho años tenía espíritu de enfermedad, y andaba encorvada, y en ninguna manera se podía enderezar. Cuando Jesús la vio, la llamó y le

dijo: **Mujer, eres libre de tu enfermedad. Y puso las manos sobre ella; y ella se enderezó luego, y glorificaba a Dios".**

Esta mujer fue libre cuando el espíritu de enfermedad la dejó. En **Lucas 13:16**, Jesús también declara, en respuesta al principal de la sinagoga que lo criticaba por sanar en día sábado, **"Y a esta hija de Abraham, que Satanás había atado dieciocho años, ¿no se le debía desatar de esta ligadura en el día de reposo?"** Vemos entonces que Satanás la había tenido atada y que la enfermedad provenía de él. Jesús vino a libertar a los cautivos y, en aquellos días, muchos fueron libertados de los satánicos poderes de las tinieblas.

En **Lucas 4:18 y 19** Jesús dijo, **"El Espíritu del Señor está sobre mí. Por cuanto me ha ungido para dar buenas nuevas a los pobres; me ha enviado a sanar a los quebrantados de corazón; a pregonar libertad a los cautivos, y vista a los ciegos; a poner en libertad a los oprimidos; a predicar el año agradable del Señor".**

Hoy en día, el Señor sigue enviando Su evangelio entre los pobres cuando los misioneros recorren todos los países. Jesús no quiere que sólo se predique la "mitad" de Su evangelio sino que desea que se proclame el mensaje de salvación, liberación y sanidad ministrando a la gente. El mensaje del "evangelio completo" se necesita desesperadamente en el mundo de nuestro tiempo, tanto como en ese tiempo. El corazón humano no ha cambiado; los demonios no han cambiado; Dios no ha cambiado. Dios está sanando y liberando hoy en día a todos lo que se le acercan con fe, igual que lo hizo entonces. La única diferencia es que entonces Jesús estaba limitado a Su cuerpo físico, pero ahora viene en la persona del Espíritu Santo y, todos lo que tienen al Espíritu Santo, pueden acceder a Su poder. ¡Alabado sea Dios!

Posesión

El plan de Satanás consiste en debilitar a la gente hasta el punto de que caiga en pecado, porque esto le otorga el derecho legal a entrar.

Uno puede pecar por un tiempo sin caer en la esclavitud. Sin embargo, de continuar sometiéndose al diablo, él tomará control de esa área de la vida. Entonces la persona estará poseída o controlada en esa área de la vida. Es necesario definir la posesión porque causa gran confusión cuando se usa la palabra sin comprender su significado en idioma griego. Posesión significa "controlar", por consiguiente, cuando alguien está fuera de control en un área de su vida, se dice que Satanás tiene "dominio" allí. La persona ha perdido el control y Satanás lo ha ganado haciéndola finalmente cautiva. Por supuesto que la persona no está totalmente poseída, dado que esto significaría que el diablo tiene control del espíritu, el alma y el cuerpo. La posesión total exige que la voluntad del sujeto se rinda. El plan de Satanás es traer la gente a este punto, tomando progresivamente más y más territorio en la vida de las personas. Sólo el poder de Cristo puede librar a la gente de los demonios.

Todos hemos oído el viejo refrán sobre el hombre que toma un trago, luego el trago toma un trago, y finalmente la bebida toma al hombre. La posesión es progresiva. Si permitimos que Satanás entre en un área de nuestra vida, pronto logrará más territorio. **Efesios 4:27** nos advierte, **"Ni deis lugar al diablo"**.

Opresión o posesión

Algunos enseñan que un cristiano solamente puede estar "oprimido" por el diablo, pero no "poseído". Cuando tenemos un problema con el diablo, nos damos cuenta de que realmente es difícil batallar contra él. No importa si está empujándonos por afuera o si está adentro guiándonos. El mensaje real que debemos captar en nuestro espíritu es que precisamos saber cómo derrotar al diablo, sea que esté fuera o adentro. El diablo logra ventaja de la discusión si un cristiano puede o no tener un demonio, venciendo una y otra vez.

Santiago 3:10 menciona que un problema que muchos cristianos tienen antes de ser liberados. **"De una misma boca proceden bendición y maldición. Hermanos míos, esto no debe ser así"**.

Santiago está hablando a personas creyentes porque les llama "hermanos". **Santiago 3:6** dice que la lengua es el instrumento que usa el diablo para atraparnos, **"Y la lengua es un fuego, un mundo de maldad. La lengua está puesta entre nuestros miembros, y contamina todo el cuerpo, e inflama la rueda de la creación, y ella misma es inflamada por el infierno".** La lengua puede contaminar todo el cuerpo.

El pecar puede llevarnos a la posesión

Posesión no significa necesariamente que la persona esté llena de demonios y fuera de control por completo. Como ya se dijo, la posesión es gradual. Al pecar y pecar, Satanás amplía su "dominio". La razón por la cual posesión tiene un significado tan derogatorio, tan extremo es porque, generalmente, se relaciona con el caso de posesión del endemoniado gadareno registrado en la Biblia en **Lucas 8:26-36**. Dado que tenía cinco mil demonios, ya que esta cantidad forma una "legión", estaba virtualmente poseído por completo. El Señor Jesús miró el corazón de este hombre y supo que quería ser libre, ordenando a los malos espíritus que lo dejaran.

"Y arribaron a la tierra de los gadarenos, que está en la ribera opuesta a Galilea. Al llegar él a tierra, vino a su encuentro un hombre de la ciudad, endemoniado desde hacía mucho tiempo; y no vestía ropa, ni moraba en casa, sino en los sepulcros. Este, al ver a Jesús, lanzó un gran grito, y postrándose a sus pies exclamó a gran voz: ¿Qué tienes conmigo, Jesús, Hijo del Dios Altísimo? Te ruego que no me atormentes. (Porque mandaba al espíritu inmundo que saliese del hombre, pues hacía mucho tiempo que se había apoderado de él; y le ataban con cadenas y grillos, pero rompiendo las cadenas, era impelido por el demonio a los desiertos.) Y le preguntó Jesús, diciendo: ¿Cómo te llamas? Y le dijo: Legión. Porque muchos demonios habían entrado en él. Y le rogaban que no los mandase ir al abismo. Había allí un hato de muchos cerdos que pacían en el monte; y le rogaron que los dejase

entrar en ellos; y les dio permiso. Y los demonios, salidos del hombre, entraron en los cerdos; y el hato se precipitó por un despeñadero al lago, y se ahogó. Y los que apacentaban los cerdos, cuando vieron lo que había acontecido, huyeron y yendo dieron aviso en la ciudad y por los campos. Y salieron a ver lo que había sucedido; y vinieron a Jesús, y hallaron al hombre de quien habían salido los demonios, sentado a los pies de Jesús, vestido, y en su cabal juicio, y tuvieron miedo. Y los que lo habían visto, les contaron como había sido salvado el endemoniado".

La enfermedad mental ligada a los demonios

Esta narración nos deja varias enseñanzas respecto de los demonios. Vemos que la enfermedad mental puede atribuirse a los demonios. La insania es un problema muy importante en el mundo actual y no son muchos los que se dan cuenta de que la liberación podría liberar a muchos acosado por ella. Los siquiatras no ofrecen curas definitivas para estas personas perturbadas, porque la mayoría no sabe que está tratando un problema espiritual. El endemoniado gadareno recobró su sano juicio cuando los demonios lo dejaron.

¿Por qué permitió Jesús que los demonios entraran en los cerdos en vez de mandarlos otra vez a las profundidades, es decir, al infierno? Pareciera que el Señor quería demostrar una lección aquí. Es probable que la gente de aquel tiempo tuviera mucha dificultad para aceptar la realidad de la existencia de los malos espíritus, tal como sucede hoy. Jesús permitió que los espíritus malignos entraran en los cerdos para que gente comprendieran que el problema del gadareno era una posesión demoníaca. Si simplemente se hubieran ido, la gente hubiera pensado que él recibió sanidad y no liberación. Al entrar los malos espíritus en los cerdos, su naturaleza destructiva generó tal violencia que de inmediato causaron la muerte del rebaño.

Los demonios destruyen a través del suicidio y el divorcio

Muchas personas en la actualidad son empujadas al suicidio a causa de posesión demoníaca. Precisan ayuda y liberación. La gente se resiste a enfrentar el hecho de que su problema podría ser de naturaleza demoníaca, y así Satanás logra arrebatar otra vida con sus espíritus malignos. No importa cuántos demonios tenga uno, porque uno solo alcanza para destruir a la persona. Es necesario que separemos la personalidad del demonio de la persona real.

Los matrimonios se deshacen porque hay espíritus inmundos en uno de los cónyuges o en ambos, y los llevan a alejarse de la familia incluso después de años de vida en común. Las mujeres dicen que no comprenden por qué el esposo las deja de repente sin haber tenido graves problemas. Dicen que sus esposos se comportaban extrañamente y que, de pronto, se fueron sin ninguna causa evidente. Las mujeres también abandonan al esposo y a los hijos, desapareciendo simplemente o yéndose con otro hombre.

¿Qué fuerza maligna está detrás de estas rupturas? Satanás ha enviado sus malos espíritus de división y ha engañado a sus víctimas con la posibilidad de una hermosa vida junto a alguien más. Por supuesto que suministra las emociones necesarias para la otra persona y hace que la pareja engañada no "siente" el amor por su compañero o compañera. Después de ingeniárselas para deshacer un hogar, comienza el mismo proceso en el próximo matrimonio. La parte inocente de estos matrimonios deshechos suelen comentar, "La verdad, no comprendo. (Él/Ella) no parecía ya igual, era como una persona extraña cuando me pidió el divorcio y me dijo que no me quería más". Esta persona muchas veces es un espíritu de demonio que está engañándolos. Muchos matrimonios podrían salvarse si se enseñara a los cristianos cómo deben luchar en el Espíritu y ordenar a los demonios que suelten a la persona engañada. Todo esto puede hacerse a través de la oración.

Batallando contra los demonios

El Señor revela las maquinaciones diabólicas para que los cristianos aprendan a luchar contra el verdadero enemigo cuando ataca los matrimonios, en vez de luchar entre sí. La cosa principal que debemos hacer es tomar autoridad sobre Satanás y echarlo fuera de nuestra vida y la vida de nuestros seres queridos. Satanás roba y es un ladrón, y deleita destruyendo a los hijos de Dios. El Señor quiere que crezcamos y dejemos de pelearnos y actuar como niños. Él quiere que enfrentemos al verdadero enemigo, a Satanás. Tenemos que rendir nuestra vida por nuestro cónyuge y nuestros seres queridos, siendo agresivos en la oración al enfrentar las artimañas del enemigo. Huirá cuando se lo ordenemos en el nombre de Jesús. Si el ataque es desde afuera a través de sugerencias, tentaciones e influencias diabólicas, también debemos luchar contra él de la misma forma que si hubiera ganado dominio y entrado al cuerpo ejerciendo control. Es necesario que nos volvamos a Dios con corazón humilde sometiendo toda nuestra vida a Él y, luego, agresivamente, resistamos al diablo y le ordenemos que se vaya en el nombre de Jesús. Esta orden deberíamos darla en voz alta.

También tenemos que darnos cuenta de que existen ciertas condiciones que debemos cumplir para obtener la completa liberación de la esclavitud de los demonios. En primer lugar, debemos ser hijos de Dios para recibir ayuda. Si no eres "nacido de nuevo", simplemente invita a Jesús a entrar a tu corazón y salvar tu alma. Acepta la Palabra de Dios que afirma que Él te ama y quiere darte vida abundante. **"Porque de tal manera amó Dios al mundo, que ha dado a su Hijo unigénito, para que todo aquel que en él cree, no se pierda, mas tenga vida eterna" (Juan 3:16). "Yo he venido para que tengan vida, y para que la tengan en abundancia" (Juan 10:10).**

Para recibir esta vida abundante es necesario que nos arrepintamos apartándonos de nuestros pecados, aceptando la provisión de la sangre de Jesús como el único medio de purificación. El pecado te ha separado de Dios y -- al recibir a Cristo -- se restaura la comunión con Él y nos convertimos en miembros de la familia divina. **"Mas a todos los que le recibieron, a los que creen en su nombre, les dio potestad de ser hechos hijos de Dios" (Juan 1:12).**

Oraciones de liberación

Después de hacer una confesión verbal de nuestra fe en Cristo Jesús (el único nombre que trae liberación), debemos confesar el pecado que dio entrada al diablo en nuestra vida. Aquí es donde tenemos que mencionar cualquier participación en prácticas ocultistas y en cultos. Después debemos romper todo derecho legal de Satanás en nuestra vida renunciando a cada pecado y su efecto en nuestra vida, como una mentira del diablo, y declarar la verdad de la Palabra de Dios en esa área. Para ser libres del engaño, debemos reconocer las mentiras de Satanás y reemplazarlas por la verdad. Después de estos pasos, podemos ordenar en voz alta a los demonios que, en el nombre de Jesús, se vayan. Cuando la opresión o la posesión es grave conviene que otros creyentes oren con nosotros. La oración de liberación deben hacerla únicamente los "nacidos de nuevo", llenos del Espíritu. En **Hechos 19:13-16**, los siete hijos incrédulos de Esceva experimentaron con la liberación y lograron resultados desastrosos. Los creyentes "nacidos de nuevo" nada tienen que temer. Jesús derrotó a Satanás por nosotros. Echar fuera los demonios que están en otras personas nada tiene de riesgoso, pero exige fe. Si te falta fe y valor para echar fuera demonios, pide al Señor que te guíe hacia la o las personas que pueden decir la oración de fe y liberar a gente.

Tenemos que discutir aquí algunos puntos para "echar fuera demonios". La falta de enseñanza en este sentido ha llevado a la gente a inventar gran cantidad de medios para conseguir la liberación. Estos métodos son variados e incluyen el forcejeo y el tener que sujetar a la persona durante la liberación; la conversación con los demonios para discernir el nombre de los espíritus (lo cual es inútil porque Satanás es un mentiroso y jamás dice la verdad; el discernimiento de espíritus es un don dado para la ayuda en la liberación). También la mención de una interminable lista de demonios, y muchos otros métodos que no incluimos. Estos métodos serán fructíferos si se usan en el nombre de Jesús; no obstante, cuando se los lleva a los extremos, el enemigo hace que se pierda mucho tiempo y energías.

Por lo general estos métodos resultan innecesarios, pero Dios los honra muchas veces porque quienes los ponen en práctica están inseguros en cuanto a los procedimientos correctos y, tal vez, ésta sea la única enseñanza que han recibido. Dios ve a su corazón y sabe que tratan de ayudar a otros a ser libres, y por eso Él libera a pesar de las técnicas.

La fe cumple

El método bíblico para echar fuera los demonios consiste simplemente en orar de la manera que indique el Espíritu Santo. Por lo general, será una oración similar a ésta: "En el nombre de Jesús, les echo fuera de esta persona los espíritus inmundos". Si el Espíritu Santo da nombres de demonios específicos, generalmente es para beneficiar a la persona que está recibiendo liberación porque quizás necesite tomar conciencia de la naturaleza del demonio que la ha esclavizado, para que lo resista en el futuro. Lo fundamental es escuchar las instrucciones del Espíritu para cada caso particular. La fe es la llave que hace libre a la gente de los demonios. Debemos tener fe al orar que los demonios se irán. Si creemos, se irán de inmediato. Si creemos que realmente estamos en una lucha, pelearemos de verdad contra el diablo. Pero podemos perder la batalla si no estamos firmes en la fe y la confianza en Jesús. Algunas liberaciones exigen batallar en oración porque nadie intercedió por la persona, o tal vez poco se hizo.

Los discípulos de Jesús enfrentaron el problema de no ser capaces de echar fuera un demonio que tenía un niño, y fue por falta de fe. Al preguntar a Jesús por qué no habían podido hacerlo, **"Y respondiendo él, les dijo: ¡Oh generación incrédula! ¿Hasta cuándo he de estar** con vosotros? ¿Hasta cuándo os he de soportar? Traédmelo... Jesús le dijo: Si puedes creer, al que cree todo le es posible... Entonces el espíritu, clamando y sacudiéndole con violencia, salió; y él quedó como muerto, de modo que muchos decían: Está muerto... Cuando él entró en casa, sus discípulos le preguntaron aparte: ¿Por qué nosotros no pudimos echarle fuera? Y él les dijo: Este género con nada puede salir, sino con oración y ayuno" **(Marcos 9:19, 23, 26, 28 y 29).**

El mensaje que Jesús estaba diciendo a los discípulos era que su fe no era suficiente para hacer la obra y que, ayunando y orando, la fe de ellos aumentaría. No estaba diciendo que oraran y ayunaran para echar fuera los demonios. Jesús pudo echarlo fuera inmediatamente porque estaba siempre orando y permanecía cerca del Padre, teniendo entonces fe y poder sobre el diablo en todo momento.

Jesús es nuestro ejemplo. Si no permanecemos en estrecha comunión con el Padre, ¿cómo escucharemos Sus instrucciones para discernir y orar por liberación? Debemos orar y ayunar si nuestra fe y nuestra comunión con el Señor están siendo atacadas, entonces podremos ejercitar la fe orando por otros y viéndoles libres en el nombre de Jesús.

¿Se pueden los demonios transferir?

Algunas personas tienen miedo de poner sus manos sobre la gente cuando oran para que los malos espíritus salgan, ya que tienen miedo de que estos entren en ellos. Tales personas no deberían orar por la liberación de otras si todavía están luchando con el temor, ya que este miedo puede permitir que el enemigo los ataque. Poner las manos sobre otra persona que busca liberación no es el verdadero problema, sino el temor que las liga.

La escritura que se usa para respaldar esta enseñanza es **"No impongas con ligereza las manos a ninguno..." (1 Timoteo 5:22).** Si miramos atentamente este versículo, notamos que frecuentemente se saca la expresión de su contexto ya que el capítulo se refiere a la imposición de manos al ordenar los ancianos y no al echar fuera los demonios. **"No impongas con ligereza las manos a ninguno, ni participes en pecados ajenos. Consérvate puro" (1 Timoteo 5:22).** Jesús tocaba a los leprosos y toda clase de enfermos y poseídos, y enfermedades y demonios siempre huían de Él. Como creyentes, tenemos la misma autoridad en el Espíritu, y Satanás debe hacer lo que le ordenamos. Algunos también temen recibir los demonios de aquellos que les imponen las manos, así que no permiten que nadie los toque. Nuestra fe puede impedir que esto suceda porque nadie puede transferirnos demonios si pedimos al Padre que nos proteja de ellos. Esto puede suceder, no obstante, si la persona por la cual se está orando no es consciente de que alguien malvado es quien le está poniendo las manos y rezando por él. Si la persona por la que se está rezando abre su espíritu para recibir de la persona mala, esta puede recibir un espíritu maligno.

Si podemos recibir el Espíritu Santo mediante la imposición de manos, también podemos recibir malos espíritus mediante la imposición de manos. Sin embargo, si sólo abrimos nuestro espíritu al Espíritu Santo, no debemos temer que alguien nos transfiera un demonio. Si tememos o dudamos de la gente que ora por nosotros, podemos orar en silencio esta oración a Dios antes de que alguien nos imponga las manos, "Padre, recibo únicamente Tus bendiciones a través de estas personas que están aquí ahora y no recibo nada que no venga de Ti". Los demonios no pueden ser transferidos al menos que la persona tenga una puerta abierta por el pecado en su vida.

Invocar la sangre de Jesús

Al invocar la sangre de Jesús sobre las personas mientras oran por liberación es otro punto que se malinterpreta. Algunos llegan al extremo de invocar la sangre sobre cada persona y cada cosa, como si fuera un "fetiche". En realidad, ésta es otra de las áreas donde la fe está involucrada. Es la fe en lo que la sangre de Jesús hizo por nosotros, y no en las palabras que la claman. Nuestra fe está puesta sangre derramada de Jesús en la cruz del Calvario, y ese hecho es lo que nos hace libres ahora y nos limpia de todo poder de Satanás y sus demonios. El temor es la maquinación más común que el diablo usa para impedir que los cristianos echen fuera a los demonios. A la gente que siente el deseo de ministrar liberación le dice muchas mentiras con el fin de preservar su reino. Impide que ejerciten su autoridad espiritual, diciendo, "No puedes echar fuera un demonio porque te atacará y entrará en ti; El diablo es más fuerte que tú y te causará muchos problemas, y vas a desear no haber empezado jamás a echar fuera demonios; Eres demasiado débil y el diablo te derrotará". Semejantes mentiras sólo son eficaces si las creemos. Si conocemos la Palabra de Dios y a nuestro Señor Jesús, sabemos que Satanás es el derrotado y que debe obedecernos cuando le ordenamos que se vaya. Es solamente un fanfarrón.

Porque los demonios son espíritus, no resultan destruidos cuando los echamos fuera. Solo destruimos su influencia sobre aquellos que habían atacado, No podemos matar un espíritu. Los espíritus son eternos. La Biblia no dice específicamente adónde van cuando se los echa fuera pero en los casos registrados, cuando tuvieron que abandonar su hábitat presente, buscaron otro, o vagaron por los lugares secos, o volvieron a las profundidades del infierno.

"Cuando el espíritu inmundo sale del hombre, anda por lugares secos, buscando reposo, y no lo halla. Entonces dice: Volveré a mi casa de donde salí; y cuando llega, la halla desocupada, barrida y adornada. Entonces va, y toma consigo otros siete espíritus peores que él, y entrados, moran allí; y el postrer estado de aquel hombre viene a ser peor que el primero. Así también acontecerá a esta mala generación" (Mateo 12:43-45).

"Y le rogaba que no los enviase fuera de aquella región" (Marcos 5:10).

La mayoría de las veces la liberación se logra por las oraciones de otros. Pero, al menos que la persona que busca liberación se determine a permanecer libre y llena del Espíritu Santo, el enemigo regresará. El poder de Satanás no se anula automáticamente por la presencia de Cristo en nosotros, sino que debemos hacer nuestra parte para conservar esta liberación. Debemos continuar caminando en la fe y con obediencia al Señor para impedir que los demonios vuelvan.

Manifestaciones de demonios

Debemos cumplir las condiciones de la Palabra de Dios para permanecer llenos del Espíritu Santo. Estar lleno del Espíritu Santo no es algo que suceda una sola vez, sino que es un llenado diario. Debemos pedir al Señor que nos llene cada día y nos ayude a tener una correcta relación con Él. Debemos leer y practicar Su Palabra en nuestro diario vivir. Nuestro cuerpo es un templo y debemos mantenerlo lleno, no sólo barrido, porque los demonios de Satanás pueden volver. **Juan 5:14** dice, "**Mira, has sido sanado; no peques más, para que no te venga alguna cosa peor**". Es necesario que resistamos al pecado, sigamos al Señor y crezcamos fuertes leyendo y practicando la Palabra de Dios frente al enemigo. Satanás puede ser derrotado por el poder del Espíritu Santo no sólo en nuestra vida sino también en la vida de quienes buscan al Señor de todo corazón.

Deberíamos también mencionar algunas manifestaciones que pueden manifestarse cuando una persona está recibiendo liberación. Las narraciones bíblicas nos cuentan que los demonios hacían que sus víctimas lloraran, gritaran, lamentaran, cayeran como muertos, se retorcieran en el piso, lanzaran espuma por la boca, etcétera. A veces sucede lo mismo cuando se echan fuera demonios; sin embargo, son la excepción a la regla. Casi siempre simplemente se van y la persona siente que es liberada de un peso, o una carga. La liberación puede darse sin ningún signo físico de la partida de los espíritus. Sin embargo, un avance espiritual siempre será evidente. La persona sabrá que ha sido liberada cuando el poder del Espíritu Santo saque los demonios. El cambio en su vida será la evidencia visible de esa nueva libertad. No debemos permitir que los demonios hablen sino ordenarles silencio, tal como lo hacía Jesús. **"Y sanó a muchos que estaban enfermos de diversas enfermedades, y echó fuera muchos demonios; y no dejaba hablar a los demonios, porque le conocían" (Marcos 1:34).**

Por lo general, el Señor no permitía que los espíritus se manifestaran pero, si había una necesidad de parte de la gente de conocer la realidad de los demonios, Él lo permitía. El caso del endemoniado gadareno es un ejemplo de esto (**Marcos 5**). Lo mismo es verdad hoy día. Cuando la gente duda de la importancia de este ministerio o de la existencia de los demonios, el Señor permite que los espíritus se manifiesten físicamente para que tales personas se den cuenta de la necesidad de liberación, y busquen la ayuda necesaria para ser libres. El Señor está llamando a muchos en Su pueblo a este ministerio tan importante, porque son muchísimos los que claman por ayuda en estos últimos días.

Discernimiento de espíritus

Es probable que usted esté tratando con un mal espíritu o un demonio cuando enfrenta un problema irracional, anormal, que le atormenta, no puede controlar, o le esclaviza, o genera una adicción. La Biblia habla de diversas clases de malos espíritus que pueden estar detrás de pecados muy poderosos. En el Nuevo Testamento se los llama espíritus inmundos (impuros). Se mencionan veintidós ocasiones cuando Jesús u otra persona, usando Su nombre, echó fuera estos espíritus. Se "pegan" a las áreas impuras de nuestra naturaleza espiritual o nuestra "carne". Otros malos espíritus que específicamente se mencionan en la Biblia son los espíritus engañadores, el espíritu perversos, espíritu de sueño, un espíritu de aflicción, el espíritu de celos, el espíritu del anticristo, espíritu de prostitución, espíritu de esclavitud, espíritu de los demonios, el espíritu de error, espíritu de adivinación, un espíritu mudo, un espíritu familiar y el espíritu de temor.

Se nombran aquí algunas de las áreas del alma que Satanás ataca con sus espíritus malignos: temor, depresión, ansiedad, soledad, autocompasión, rechazo, resentimiento, odio, rebeldía, impaciencia, orgullo, falta de perdón, celos, envidia, codicia, lujuria, duda y codicia.

"Y manifiestas son las obras de la carne, que son: adulterio, fornicación, inmundicia, lascivia, idolatría, hechicerías, enemistades, pleitos, celos, iras, contiendas, disensiones, herejías, envidias, homicidios, borracheras, orgías, y cosas semejantes a éstas; acerca de las cuales os amonesto, como ya os lo he dicho antes, que los que practican tales cosas no heredarán el reino de Dios" (Gálatas 5:19-21).

Síntomas de la actividad demoníaca

La actividad de los demonios en la vida de una persona puede manifestarse a través de los síntomas siguientes: temperamento descontrolado; excesos de cualquier tipo; adicciones a la comida, el alcohol, el tabaco, las píldoras, las drogas, la música rock; impulsos obsesivos; homosexualidad; actos sexuales perversos; sexo oral; masturbación; prostitución; perversión de la imaginación; pensamientos sexuales escabrosos; representaciones mentales sádicas; incesto; estupro; violación; homicidio; suicidio; temores tormentosos; fobias; terror; pesadillas; insomnio; sonambulismo; hablar en sueños; orinar durante el sueño; timidez extrema; dientes que crujen involuntariamente; debilidad inusual; hiperactividad; memoria exagerada; pérdida de la memoria; insania; bajo coeficiente intelectual; coeficiente intelectual extremadamente alto; angustias insoportables; rivalidad y contienda permanentes; materialismo; impotencia; frigidez; manías y fobias de cualquier tipo. Espíritus inmundos de enfermedad atacan el cuerpo y pueden manifestarse como tumores, cánceres, parálisis, artritis, ceguera, úlceras, migrañas, fiebre muy alta, asma, alergias, epilepsia, problemas cardíacos, fiebres diversas y muchos otros tortuosos males y enfermedades. El Nuevo

Testamento ofrece narraciones en este sentido. Al echar fuera los demonios, la gente quedaba libre. **Mateo 17:14, 15 y 18** registran el caso de un muchacho liberado de la demencia:

"Cuando llegaron al gentío, vino a él un hombre que se arrodilló delante de él, diciendo: Señor, ten misericordia de mi hijo, que es lunático, y padece muchísimo; porque muchas veces cae en el fuego, y muchas en el agua... Y reprendió Jesús al demonio, el cual salió del muchacho, y éste quedó sano desde aquella hora".

Marcos 3:10 y 11 cuenta otro caso de liberación: **"Porque había sanado a muchos; de manera que por tocarle, cuantos tenían plagas caían sobre él. Y los espíritus inmundos, al verlo, se postraban delante de él, y daban voces, diciendo: Tú eres el Hijo de Dios" (Marcos 3:10-11).** Los mudos y los sordos también hallan liberación, ya que esto es de un espíritu maligno también. **"Y cuando Jesús vio que la multitud se agolpaba, reprendió al espíritu inmundo, diciéndole: Espíritu mudo y sordo, yo te mando, sal de él, y no entres más en él" (Marcos 9:25).** Otro relato de Jesús sanando al echar fuera los demonios se lee en **Mateo 12:22-30.**

Por lo general, espíritus seductores influencian a los participantes en falsas religiones, cultos u ocultismo. Estos espíritus engañosos de brujería pueden manifestarse como espíritus religiosos y falsificar los verdaderos dones de Dios. También se manifiestan a través de extraños hechos sobrenaturales, tales como visiones extrañas, olores y sonidos. La gente ha experimentado la visita de apariciones (fantasmas), demonios personificando a individuos muertos, seres extraterrestres y Ovnis cuando estos demonios están en actividad. Tales visitas se dan generalmente como resultado directo de la participación en prácticas ocultistas. Se nos advierte sobre estas doctrinas de demonios. **"Pero el Espíritu dice claramente que en los postreros tiempos algunos apostatarán de la fe, escuchando a espíritus engañadores y a doctrinas de demonios" (1 Timoteo 4:1).**

Para ser libre de la maldición que viene sobre quienes participan en esas actividades, debemos buscar a Dios para que nos libere.

Los pecados de nuestros padres

Algunas personas padecen bajo la maldición que está en su vida, no como una consecuencia directa de su participación en prácticas perversas, sino porque sus padres o abuelos participaron en ellas.

"No tendrás dioses ajenos delante de mí... No te inclinarás a ellas, ni las honrarás; porque yo soy Jehová tu Dios, fuerte, celoso, que visito la maldad de los padres sobre los hijos hasta la tercera y cuarta generación de los que me aborrecen, y hago misericordia a millares, a los que me aman y guardan mis mandamientos" (Éxodo 20:3, 5 y 6).

"Que haces misericordia a millares, y castigas la maldad de los padres en sus hijos después de ellos; Dios grande, poderoso, Jehová de los ejércitos es su nombre; grande en consejo, y magnífico en hechos; porque tus ojos están abiertos sobre todos los caminos de los hijos de los hombres, para dar a cada uno según sus caminos, y según el fruto de sus obras" (Jeremías 32:18-19).

De estos versículos inferimos que la "cadena de iniquidad" viene sobre nosotros desde nuestros antepasados que han pecado. En su aspecto positivo, nos hace acreedores a bendiciones inmerecidas cuando nuestros padres obedecieron a Dios y anduvieron Sus caminos. Esto lo vemos en una dimensión nacional en Estados Unidos donde, abundantemente, se han cosechado las bendiciones que las pasadas generaciones obtuvieron con fe y oración. Son muchos los que hoy no viven para Dios pero aun así son bendecidos con libertad y seguridad, debido a la promesa de Dios de demostrar misericordia a millares. Vemos lo opuesto en otros países de la tierra donde se han honrado dioses paganos e ídolos, y abunda la pobreza, la enfermedad, la corrupción, la ignorancia. De igual manera, en nuestra vida personal heredamos la bendición o la maldición según haya sido la relación de nuestros padres con Dios.

En el Nuevo Testamento, Timoteo recibió la bendición de la fe de su madre y su abuela que fueron devotas cristianas. **2 Timoteo 1:5 dice, "Trayendo a la memoria la fe no fingida que hay en ti, la cual habitó primero en tu abuela Loida, y en tu madre Eunice, y estoy seguro que en ti también"**.

Nuestro nuevo Padre

No es difícil entender que heredamos características físicas y emocionales de nuestros padres y abuelos, pero algunos no pueden creer que haya también una herencia espiritual, aunque la Palabra de Dios enseñe que sí. En el plano natural, si el padre tiene problemas renales, muchas veces los hijos tienen el mismo problema. Si los padres son muy nerviosos y temerosos, con frecuencia los hijos tienen tales características. Si el padre tiene una personalidad adictiva, los hijos pueden presentar esta particularidad. Sucede lo mismo en el plano espiritual. Como hijos de Dios no debemos aferrarnos a aquellas cosas que dañan nuestra vida, porque ahora tenemos un nuevo Padre. Ahora podemos recibir las características del Padre Celestial, sus curaciones y sus bendiciones.

Ya no heredamos la maldición. Debemos, sin embargo, apropiarnos de las bendiciones. No son automáticas. Deberíamos pedir al Señor en oración que rompa toda "cadena de iniquidad" sobre nuestra vida y quite la herencia de las cosas malas que nuestros padres terrenales nos legaron, para recibir las bendiciones prometidas a los que aman a Dios.

La elección es nuestra

Deuteronomio 27, 28 y 30 nos habla acerca de las maldiciones y las bendiciones. Se nos dice que aquello que elijamos será lo que recibiremos.

"A los cielos y a la tierra llamo por testigos hoy contra vosotros, que os he puesto delante la vida y la muerte, la bendición y la maldición; escoge, pues, la vida, para que vivas tú y tu descendencia; amando a Jehová tu Dios, atendiendo a su voz, y siguiéndole a él; porque él es vida para ti, y prolongación de tus días; a fin de que habites sobre la tierra que juró Jehová a tus padres, Abraham, Isaac y Jacob, que les había de dar" (Deuteronomio 30:19-20).

En estos tres capítulos vemos que, si amamos al Señor y seguimos Sus caminos, las bendiciones económicas, físicas, espirituales y la gracia delante de los demás hombres serán nuestras. Por el contrario, si no resistimos al diablo y rompemos todo poder que pudiera tener sobre nosotros a través de nuestros padres, podemos quedar bajo su maldición de la enfermedad, la pobreza y el temor. Cristo murió y fue hecho maldición por nosotros, para que pudiéramos tener vida en abundancia.

"Cristo nos redimió de la maldición de la ley, hecho por nosotros maldición (porque está escrito: Maldito todo el que es colgado de un madero), para que en Cristo Jesús la bendición de Abraham alcanzase a los gentiles, a fin de que por la fe recibiésemos la promesa del Espíritu... Y si vosotros sois de Cristo, ciertamente linaje de Abraham sois, y herederos según la promesa" (Gálatas 3:13, 14 y 29).

Maldiciones

La "cadena de iniquidad" no es la única clase de maldición que debemos vencer. Quienes practican brujería a veces pronuncian maldiciones contra la gente. Como hijos de Dios, no debemos sentir temor de que nos afecten porque Satanás no tiene poder para causarnos mal, siempre y cuando no estemos pecando y fuera de la voluntad de Dios. Sin embargo, aquellos que están alejados de Cristo y de Su protección pueden sufrir terribles efectos a causa de tales prácticas perversas. Una maldición satánica está diseñada para ser un obstáculo que haga tambalear y caer a un cristiano para llevarlo a la destrucción. Los falsos profetas, los adivinos, los brujos y otros emisarios del diablo lanzan hechizos y pronuncian maldiciones sobre la gente. Acerca de esto nos habla la Biblia y advierte sobre tales caminos diabólicos.

"Tienen los ojos llenos de adulterio, no se sacian de pecar, seducen a las almas inconstantes, tienen el corazón habituado a la codicia, y son hijos de maldición. Han dejado el camino recto, y se han extraviado siguiendo el camino de Balaam hijo de Beor, el cual amó el premio de la maldad, y fue reprendido por su iniquidad; pues una muda bestia de carga hablando con voz de hombre, refrenó la locura del profeta. Estos son fuentes sin agua, y nubes empujadas por la tormenta; para los cuales la más densa oscuridad está reservada para siempre" (2 Pedro 2:14-17).

En estas escrituras vemos que las almas inestables, sin constancia y aquellos que han dado la espalda al Señor resultan afectadas por una maldición dicha contra ellos. Balaam, hijo de un adivino (quien practicaba adivinación) (**Josué 13:22**) de la antigüedad, y todavía hay gente que practica la brujería. Dios aborrece tal práctica hoy, tanto como Él lo hizo entonces. Balaam comenzó como profeta de Dios pero terminó como un falso profeta. Es probable que una de las razones haya sido la "cadena de iniquidad" proveniente de su padre que había participado en brujería. Balaam se entregó al pecado y la falsa doctrina (**Números 22, 23, 24; 31:16**).

Las maldiciones no solo pueden afectar a las personas directamente, sino también indirectamente, causándoles tropiezos si no están alertas y en oración. Los cristianos que no conocen ni usan su autoridad sobre el diablo y las maldiciones pueden ser negativamente afectados sin darse cuenta de cuál es la causa real de sus problemas.

"Pero tengo unas pocas cosas contra ti: que tienes ahí a los que retienen la doctrina de Balaam, que enseñaba a Balac a poner tropiezo ante los hijos de Israel, a comer de cosas sacrificadas a los ídolos, y a cometer fornicación. Y también tienes a los que

retienen la doctrina de los nicolaítas, la que yo aborrezco. Por tanto, arrepiéntete; pues si no, vendré a ti pronto, y pelearé contra ellos con la espada de mi boca. El que tiene oído, oiga lo que el Espíritu dice a las iglesias" (Apocalipsis 2:14-17).

Maldiciones que se tornan bendiciones

Si nos arrepentimos de nuestro pecado y obedecemos al Señor, no tenemos por qué temer que nos sobrevenga una maldición. Debemos tomar conciencia de que la falta de oración es un pecado que puede permitir al enemigo venir en contra de nosotros; por ello, deberíamos estar seguros de ponernos toda la armadura de Dios. Si lo hacemos, cada maldición puede transformarse en bendición porque somos hijos de Dios. "**...y porque alquilaron contra ti a Balaam hijo de Beor, de Petor en Mesopotamia, para maldecirte. Mas no quiso Jehová tu Dios oír a Balaam; y Jehová tu Dios te convirtió la maldición en bendición, porque Jehová tu Dios te amaba" (Deuteronomio 23:4 y 5).**

La oración puede romper fácilmente esta clase de maldición, si sabemos cómo orar. Algunos dicen que se debería devolver la maldición sobre quienes la enviaron para ser entonces libre. Esto no está de acuerdo con la escritura de la Palabra de Dios que nos enseña que debemos vencer el mal con el bien, y no el mal con el mal.

"**Bendecid a lo que os persiguen; bendecid, y no maldigáis... No paguéis a nadie mal por mal; procurad lo bueno delante de todos los hombres... No seas vencido de lo malo, sino vence con el bien el mal" (Romanos 12:14, 17, 21).**

"**Bendecid a los que os maldicen, y orad por los que os calumnian" (Lucas 6:28).**

Para ser libres de cualquier maldición deberíamos orar más o menos así, "Padre, en el nombre de Jesús, nos someto a Ti. Usamos la autoridad que me has dado y ordeno al enemigo que nos libere de su dominio sobre nosotros. Rompemos toda maldición y oración negativa que se haya dicho en nuestra contra. Te pedimos que seas misericordioso y perdones a esas personas. Señor, abre sus ojos para que vean la verdad y libéralos de la esclavitud de Satanás. Destruimos los planes del enemigo contra nuestra vida y declaramos que la protección de Tus ángeles guardianes está con nosotros. Reivindicamos Tu Palabra en el **Salmo 91** que dice, **'Él te librará del lazo del cazador... caerán a tu lado mil, y diez mil a tu diestra; mas a ti no llegará... pues a sus ángeles mandará acerca de ti, que te guarden en todos tus caminos....'** Confiamos en Tu Palabra, Señor, y no caminaremos en temor sino en la victoria y el poder del Espíritu Santo. Amén."

Capítulo 4
La Batalla de la Guerra Espiritual

Dos mundos espirituales

Dios nos ha dado armas muy poderosas para luchar contra el diablo y no debemos desalentarnos o atemorizarnos pensando que no podemos vencerlo. Una de las principales maquinaciones de Satanás es hacer que la gente permanezca ignorante de él y sus demonios.

Debemos entender como una realidad la existencia de un mundo espiritual. Este mundo es aún más real que el mundo físico, porque la Biblia declara que un día la tierra pasará pero que el mundo espiritual existirá siempre. En ese mundo hay dos reinos. El reino de la luz gobernado por Dios y el reino de las tinieblas regido por Satanás cuyo destino final es ser encadenado y arrojado al agujero sin fondo del infierno. Quienes elijan sus caminos de maldad serán también encadenados con él. Los que elijan a Cristo tendrán parte en Su reino de justicia por toda la eternidad.

Estamos en guerra

Aunque en el presente Satanás está gobernando aquí en la tierra, no es rival para un hijo de Dios, que conoce su autoridad en Cristo. Sin embargo, estas personas son minoría porque hoy abunda la ignorancia espiritual. Por esta falta de conocimiento, es fácil para el diablo difamar a Dios y desalentar al hombre. La mayoría de la gente no entiende claramente que, en verdad, estamos en guerra. Oramos fervorosamente para que el Señor responda sus oraciones, pero aun así no comprenden que deben respetar ciertos principios para recibir sus peticiones.

Tomemos el caso de un hombre que necesita una cantidad de dinero y acude al presidente de un banco solicitando ayuda. Este individuo desconoce totalmente los procedimientos bancarios y, en particular, los trámites relacionados con su trámite. Él ve su problema estrictamente entre él y el funcionario del banco. Él reclama, "Usted tiene el dinero y yo lo necesito, ¿por qué no me lo da?" Las explicaciones del banquero y sus expresiones de pesar sólo empeoran las cosas y tornan más descontento al hombre. Si miramos la oración, si no tenemos noción de las leyes espirituales que operan y tampoco de la maldad espiritual que existe en el reino de los aires, (principados y potestades) así también nosotros echamos la culpa a Dios si no recibimos inmediata respuesta a nuestras oraciones.

"Pues aunque andamos en la carne, no militamos según la carne; porque las armas de nuestra milicia no son carnales, sino poderosas en Dios para la destrucción de fortalezas" (2 Corintios 10:3-4).

La guerra espiritual

Muchas veces debemos hacer algunas cosas antes de recibir nuestra respuesta. Una vez más, puede ser simplemente una cuestión de tiempo hasta que lleguen las respuestas, como sucedió con Daniel. Leemos en **Daniel 10** que hubo una demora de tres semanas entre el tiempo en que Dios escuchó la oración de Daniel y el momento en que le habló. Se estaba luchando un guerra en el cielo, impidiendo que la respuesta llegara pero, por su fe y su ayuno, Daniel finalmente recibió su respuesta.

"Entonces me dijo: Daniel, no temas; porque desde el primer día que dispusiste tu corazón a entender y a humillarte en la presencia de tu Dios, fueron oídas tus palabras; y a causa de tus palabras yo he venido. Mas el príncipe del reino de Persia se me opuso durante veintiún días; pero he aquí Miguel, uno de los principales príncipes, vino para ayudarme, y quedé allí con los reyes de Persia" (Daniel 10:12-13).

Ángeles y ángeles caídos se llaman en estos versos "príncipes" y "reyes". Estos ángeles habían estado luchando en los cielos a causa de las oraciones de Daniel.

Hoy enfrentamos el desafío de ponernos al frente del ejército del Señor y participar en idénticas batallas espirituales. Pablo fue un santo del Nuevo Testamento que peleó y ganó, y alentaba a Timoteo para que hiciera lo mismo.

"He peleado la buena batalla, he acabado la carrera, he guardado la fe" (2 Timoteo 4:7).

"Este mandamiento, hijo Timoteo, te encargo, para que conforme a las profecías que se hicieron antes en cuanto a ti, milites por ellas la buena milicia" (1 Timoteo 1:18).

¿Cómo luchamos en esta batalla y cuáles son nuestras armas? Para hallar respuestas, miremos en **Efesios 6:10-18:**

"Por lo demás, hermanos míos, fortaleceos en el Señor, y en el poder de su fuerza. Vestíos de toda la armadura de Dios, para que podáis estar firmes contra las asechanzas del diablo. Porque no tenemos lucha contra sangre y carne, sino contra principados, contra potestades, contra los gobernadores de las tinieblas de este siglo, contra huestes espirituales de maldad en las regiones celestes. Por tanto, tomad toda la armadura de Dios, para que podáis resistir en el día malo, y habiendo acabado todo, estar firmes. Estad, pues, firmes, ceñidos vuestros lomos con la verdad, y vestidos con la coraza de justicia, y calzados los pies con el apresto del evangelio de la paz. Sobre todo, tomad el escudo de la fe, con que podáis apagar todos los dardos de fuego del maligno. Y tomad el yelmo de la salvación, y la espada del Espíritu, que es la palabra de Dios; orando en todo tiempo con toda oración y súplica en el Espíritu, y velando en ello con toda perseverancia y súplica por todos los santos".

Esta epístola se escribió para los cristianos de Éfeso y es también hoy para nosotros como cristianos. Debemos tomar conciencia de que estamos en guerra espiritual, y así será mientras permanezcamos en la tierra.

Esta escritura comienza advirtiéndonos que, **"fortaleceos en el Señor, y en el poder de su fuerza"**. No debemos depender de nuestra fortaleza porque no es suficiente para enfrentar al diablo. Es el nombre de Jesús y Su poder lo que nos da victoria sobre el diablo. Debemos ponernos toda la armadura para estar seguros de la victoria, ya que el enemigo busca cualquier grieta en ella. Él está lleno de artimañas y trucos.

La mente es el campo de batalla

El terreno de batalla está dentro de la mente. Satanás pone pensamientos obscenos y tentaciones en nuestra mente; debemos saber cómo manejarlas. Mirando otra vez **2 Corintios 10:3-5**, notamos que la batalla es contra los pensamientos impuros que envía Satanás:

"Pues aunque andamos en la carne, no militamos según la carne; porque las armas de nuestra milicia no son carnales, sino poderosas en Dios para la destrucción de fortalezas, derribando argumentos y toda altivez que se levanta contra el conocimiento de Dios, y llevando cautivo todo pensamiento a la obediencia a Cristo".

Esta guerra en la que participamos no es en la carne sino en el espíritu. Cuando tenemos un pensamiento contrario a la Palabra de Dios, debemos saber cómo tratarlo porque proviene del enemigo, así lograremos la victoria. Si tenemos pensamientos de resentimiento, celos, orgullo, odio, amargura, temor, duda, incredulidad, depresión, pena, lujuria o codicia debemos admitir que no vienen de nuestro precioso Señor sino del mismo fondo del infierno.

Los pensamientos se transforman en acciones

Dios quiere que estemos llenos de Su amor, paz, salud, gozo y fe, así que sabemos que todo lo opuesto a éstos no pueden ser sus sugerencias. Por lo tanto, el primer paso para lograr victoria sobre el enemigo es reconocerlo. Debemos resistir de inmediato los pensamientos de maldad, ordenando al diablo que se vaya con sus perversas sugerencias. No debemos permitir que queden en nuestra mente sino "echarlos fuera". No es pecado tener un mal pensamiento pasajero, porque es la forma en que Satanás viene a tentarnos; pero, pecamos cuando permitimos que tal pensamiento anide en nuestra mente y nos entretenemos con él dejando que eche raíces en el corazón. Si hacemos esto, finalmente llevamos ese pensamiento a la acción. En **Proverbios 4:23** se nos dice que guardemos nuestro corazón, **"Sobre toda cosa guardada, guarda tu corazón, porque de él mana la vida"**.

Satanás ataca a muchos hermosos cristianos con los pensamientos, condenándolos por pensar lo que él pone en sus mentes. Estos pensamientos viles aparecen muchas veces durante un servicio religioso o en momentos de oración, buscando distraernos para que la mente se aparte del Señor. Debe tomarse autoridad sobre el diablo y ordenarle que se vaya con su maldad y condenación, reconociéndolo como la fuente de tales representaciones mentales. En ocasiones son tan perversas e inicuas que el solo mencionarlas avergonzaría a cualquiera. Ellos no tienen por qué atormentarse si saben cómo tratar al enemigo. Cuando han descubierto sus maldades y comprenden que trabaja basado en ciertos patrones, rápidamente pueden librarse de él. No deben dejar que los pensamientos impuros se afiancen en la mente sino resistir, y huirán. Si, por el contrario, echan raíces, deberán tratarse de manera diferente porque una raíz es más difícil de arrancar que un pensamiento efímero.

"Halloween", El Día de las Brujas, es un día de fiesta del mal

Las malignas sugestiones no son lo único que debemos resistir sino también todo lo que no concuerde con la Palabra de Dios. Nuestra mente carnal está llena de las ideas y las tradiciones del mundo, por lo cual debemos aprender a rechazarlas para permitir que el Espíritu Santo implante la verdad en nuestro corazón. Debemos buscar la verdadera doctrina de la Palabra de Dios y abandonar las tradiciones del hombre. **Marcos 3:10 y 11 Pues en vano me honran, enseñando como doctrinas, mandamientos de hombres"** (Mateo 15:9).

Una de estas malas tradiciones es la celebración de Halloween, El Día de las Brujas. Ningún cristiano debería participar de los festejos de esta festividad y tampoco permitir que sus hijos lo hagan. Podemos discernir el mal de este día al echar un vistazo a las festividades que se asocian con su celebración. Los niños se disfrazan de brujas, duendes, fantasmas, pequeños diablos y adivinadores; todos representativos del reino de Satanás. Los juegos que se practican favorecen el temor en los niños porque se las lleva a casas llenas de fantasmas, o de horribles monstruos. Esqueletos, gatos negros y murciélagos simbolizan la muerte y las tinieblas. Ninguna celebración está completa sin la presencia de una gitana que diga la suerte. Satanás ha conseguido la aprobación del hombre para celebrar su día dando lugar a una tradición que parece ser a un día de diversión. Sin embargo, lo opuesto es también cierto ya que, cada año en este día, se hace más mal y daño que en cualquier otra festividad. Se enseña a los niños a llamar a las puertas entonando cánticos en broma. No es una conducta cristiana exigir un regalo a una persona atemorizada por recibir una broma. La policía se pone en alerta por el vandalismo juvenil y se advierte a los padres que presten atención a las andanzas de los hijos.

Los satanistas consideran este día como una fecha profundamente sagrada e incluso ofrecen sacrificios humanos al diablo. Hasta hace poco, la mayoría de los cristianos no había cuestionado esta celebración tradicional sino más bien participaron de ella, realizando fiestas en las iglesias. Las celebraciones más remotas fueron realizadas, no por la iglesia primitiva, sino por los druidas en honor de Samhain, el Señor de la Muerte y sus demonios, cuya festividad caía el 1 de noviembre. La fiesta de Todos los Santos significa "noche sagrada o consagrada". Según el calendario romano, en el cual los días comienzan a medianoche, la noche del 31 de octubre era la víspera del día sagrado; por tanto, "Halloween", o Víspera de Todos los Santos, se mantuvo durante todo el antiguo mundo pagano. También se puede llamar Víspera de "All Hallows", porque es el día antes de Todos los Santos, un día santo en la Iglesia Católica Romana, la Iglesia Episcopal. La Iglesia de Inglaterra y la Iglesia Ortodoxa Griega. Este día festival se honra a todos los mártires, conocidos y desconocidos, que han muerto por la iglesia. En tiempos de Constantino, ambas festividades se unieron en un intento por cristianizar a los paganos. La iglesia no podía detener las prácticas paganas; entonces se pensó que "domesticando" estos pueblos se darían una respuesta. Por supuesto que la idea no era rendir culto a sus dioses en el día de Todos los Santos pero, como sucede con todos los compromisos, pronto lo malo venció a lo bueno y, todavía hoy, honramos estas costumbres paganas al celebrar "Halloween".

El mal en algunas tradiciones

Satanás también ha infiltrado y contaminado nuestra celebración cristiana de la Navidad agregando a Santa Claus o Papá Noel al festejo del nacimiento del Salvador. Debido a esto y a algunos otros errores, algunos argumentan que no deberíamos celebrar la Navidad porque el 25 de diciembre no es la verdadera fecha del nacimiento de nuestro Señor Jesucristo, ya que la mayoría de los estudiosos concuerda en que fue en otoño. No obstante, lo importante no es la fecha en sí sino la actitud del corazón al celebrar. Puesto que se recuerda en todo el mundo, es una fecha especial para testificar y son muchos los que, ciertamente, piensan en Jesús en ese día.

Satanás pervierte la fecha porque odia el ver que la gente rinde culto al Señor. Por esto ha incluido al Viejo Nicolás o Santa Claus o Papá Noel para distraernos del significado real de la Navidad. Santa Claus aparece como un dios. Supuestamente sabe todo, como Dios. ("Sabe cuando estás durmiendo, sabe cuando estás despierto, sabe cuándo te has portado bien o cuando te has portado mal..."). Tiene poder sobrenatural y vuela por el aire, deteniéndose por todas partes alrededor del mundo sólo en una noche. Baja por chimeneas por las cuales es prácticamente imposible hacerlo. Guarda una infinita cantidad de juguetes en su bolsa. La creencia en Papá Noel se basa en una mentira. La mentira que acerca de su existencia cuentan los padres mina la confianza de los niños quienes, más tarde, pueden dudar de la realidad de Dios simplemente porque se les mintió con Santa Claus. Se enfatiza el "recibir" regalos, lo cual sucede en muchísimos hogares, en vez de "intercambiarlos". Se olvidan los regalos para el Señor.

Como cristianos debemos purificar esta fecha de este falso dios satánico llamado Santa Claus o Papá Noel, enfatizando la realidad de Cristo y Su maravilloso amor. Algunos podrían decir que es terrible negar a los niños la alegría de la visita de semejante personaje, otros pueden dudar que sea una historia inspirada por Satanás. Sin embargo, si preguntamos por qué se habla tanto de Papá Noel en Navidad en lugar de hacerlo en otra fecha, veremos claramente la respuesta. Deberíamos celebrar Navidad cada día del año y no hacerlo sólo una vez como acostumbra el mundo. No se necesitan adornos especiales para recordar a Jesús cuando lo amamos de verdad y lo honramos en nuestro corazón.

La Pascua es otra fecha cristiana que Satanás ha contaminado llenándola de conejos y huevos de Pascua. Esta es otra tradición que nunca cuestionamos. Simplemente, la adoptamos y enseñamos a los niños que es divertido recoger huevos en vez de aclararles el verdadero significado de la Pascua. La resurrección de Cristo de entre los muertos.

El origen de los huevos y los conejos se remonta a los ritos paganos de la "fertilidad". Persas, egipcios y germanos promovían estas antiquísimas tradiciones. Hemos apartado nuestros ojos del significado real de esta fecha y nos encontramos atrapados por las cosas del mundo en vez de rendir culto al Señor. En realidad, el nombre Pascua proviene de la diosa semítica de la fertilidad y el amor sexual llamada Astarté.

Es necesario mantener a Cristo en el centro, no sólo de nuestras celebraciones, sino cada día del año. Deberíamos festejar Su resurrección diariamente permitiendo que la misma vida resucitada fluya a través de nosotros. El hombre no debería juzgarnos por la forma en que celebramos nuestras fiestas, ni siquiera en cuanto al guardar el sábado, porque se nos advierte que debemos interpretarlos como mera sombra de la verdadera vida en Jesucristo.

"Por tanto, nadie os juzgue en comida o en bebida, o en cuanto a día de fiesta, luna nueva o días de reposo, todo lo cual es sombra de lo que ha de venir; pero el cuerpo es de Cristo" (Colosenses 2:16-17).

Resistamos al diablo activamente

Para enfrentar las maldades del diablo, debemos resistir activamente a Satanás, y el huirá. La Biblia no dice que "ignoremos" al diablo y que huirá, sino que debemos "resistirlo". La pasividad y la complacencia de muchos cristianos han permitido al diablo destruirles la vida. Lo único necesario para que prevalezca el mal es que los buenos no hagan nada. Deberíamos comprometernos por completo con las cosas de Dios en vez de asumir actitudes complacientes.

Efesios 6:12 declara, **"Porque no tenemos lucha contra sangre y carne, sino contra principados, contra potestades, contra los gobernadores de las tinieblas de este siglo, contra huestes espirituales de maldad en las regiones celestes".** Este versículo afirma que estamos en "lucha". Hay una batalla y nuestra participación es necesaria para derrotar al enemigo. Debemos comprender que nuestra batalla no es contra la gente, sino contra los malos espíritus que operan a través de ella. Dado que toda verdad corre en paralelo, y sabiendo que el Espíritu Santo opera a través de las personas, debemos admitir que Satanás también trabaja a través de la gente. No significa que sean del diablo, sino más bien que están bajo su influencia. Todos, en algún momento, nos hemos rendido al diablo y hemos sido sus instrumentos. No debemos continuar haciéndolo cuando conocemos al Señor, y por esto resistimos a Satanás.

En **Marcos 8:30-33** encontramos un ejemplo de este suceso que le pasó a uno de los discípulos de Jesús: **"Pero él les mandó que no dijesen esto de él a ninguno. Y comenzó a enseñarles que le era necesario al Hijo del Hombre padecer mucho, y ser desechado por los ancianos, por los principales sacerdotes y por los escribas, y ser muerto, y resucitar después de tres días. Esto les decía claramente. Entonces Pedro le tomó aparte y comenzó a reconvenirle. Pero él, volviéndose y mirando a los discípulos, reprendió a Pedro, diciendo: ¡Quítate de delante de mí, Satanás! porque no pones la mira en las cosas de Dios, sino en las de los hombres"**.

No hablemos las palabras de Satanás

Jesús hablaba a Pedro, pero reprendió al diablo porque sabía que el discípulo hablaba bajo la influencia de Satanás. No significaba que Pedro fuera del diablo, ya que vemos que más tarde se convirtió en un vencedor y la gente sanaba tan sólo por estar en su sombra.

"Tanto que sacaban los enfermos a las calles, y los ponían en camas y lechos, para que al pasar Pedro, a lo menos su sombra cayese sobre alguno de ellos" (Hechos 5:15).

Jesús también reconocía la influencia del Espíritu Santo sobre Pedro, como la influencia de Satanás, porque justo antes de este incidente Pedro había proclamado al Señor como el Cristo.

"Respondiendo Simón Pedro, dijo: Tú eres el Cristo, el Hijo del Dios viviente. Entonces le respondió Jesús: Bienaventurado eres, Simón, hijo de Jonás, porque no te lo reveló carne ni sangre, sino mi Padre que está en los cielos" (Mateo 16:16-17).

El versículo que sigue es un hermoso ejemplo de cómo Jesús manejaba el problema del enemigo manifestándose a través de un amado discípulo. Después de reprender al diablo y poner en evidencia el hecho como una respuesta demoníaca de Pedro, el Señor hizo algo más. **"Dijo también el Señor: Simón, Simón, he aquí Satanás os ha pedido para zarandearos como a trigo; pero yo he rogado por ti, que tu fe no falte; y tú, una vez vuelto, confirma a tus hermanos"** (Lucas 22:31-32).

Jesús oró para que Pedro quedara libre del diablo. Podemos aprender con este ejemplo. Cuando nuestros seres queridos permiten que el enemigo obre a través de ellos, es necesario que oremos en lo secreto reprendiendo al diablo y pidiendo al Señor que sean librados de su influencia.

No luchemos con la gente

Debemos tomar conciencia de que nuestra lucha no es con la gente (sangre y carne) sino contra Satanás (principados, potestades y gobernadores de las tinieblas) **(Efesios 6:12)**. Discutir sólo causa división; nuestra parte es luchar en el Espíritu mediante la oración. Sólo la lucha espiritual producirá paz y armonía cuando un espíritu de división intenta controlar a alguien. Los matrimonios se separan hoy porque la gente pelea en la carne sin usar las armas espirituales para librar al cónyuge del control de Satanás. Para alcanzar la victoria, debemos actuar como Jesús y rindamos la vida por nuestros seres queridos, orando en su nombre cuando están siendo guiados por el diablo. Debemos mantenernos firmes por ellos para que su fe no falle y Satanás pueda "probarlos como trigo". Debemos reconocer que sus palabras hirientes que tanto lastiman provienen del diablo. Pero muchos, en lugar de hacer esto, permiten que Satanás los use. Discuten, pronto se hieren y devoran unos a otros. **"Porque toda la ley en esta sola palabra se cumple: Amarás a tu prójimo como a ti mismo. Pero si os mordéis y os coméis unos a otros, mirad que también no os consumáis unos a otros"** (Gálatas 5:14-15).

Pongámonos toda la armadura de Dios

Efesios 6:13 nos exhorta, **"Por tanto, tomad toda la armadura de Dios, para que podáis resistir en el día malo, y habiendo acabado todo, estar firmes"**. Si miramos alrededor, nos damos cuenta de que estamos en "el día malo". Si vamos a estar firmes frente al diablo y obtener la victoria, debemos tener completamente a Dios dentro de nuestras vidas. No todos los cristianos permanecerán firmes ante los embates del diablo; la Biblia dice que algunos caerán. **"Los de sobre la piedra son los que habiendo oído, reciben la palabra con gozo; pero éstos no tienen raíces; creen por algún tiempo, y en el tiempo de la prueba se apartan"** (Lucas 8:13).

Como cristianos entramos en la lucha independientemente de nuestro deseo de pelear o no. Por esto es imperativo que nos equipemos para la batalla. Cuando somos "bebés" en Cristo, Él tiene cuidado de nuestras necesidades y pone Su escudo sobre nosotros. No nos requiere que entremos a una gran batalla espiritual, para la que no estamos preparados. Sin embargo, no debemos permanecer siempre en la condición de "bebés" sino que creceremos en Él y en Su fortaleza, ocupando nuestro puesto entre los santos de Dios que aprendieron a vencer al diablo y sus embates.

Vístete para la batalla

Miremos la armadura que vamos a "ponernos", **"Estad, pues, firmes, ceñidos vuestros lomos con la verdad..."** (Efesios 6:14-18). En **1 Pedro 1:13** nos da una definición de los "lomos", **"Por tanto, ceñid los lomos de vuestro entendimiento, sed sobrios, y esperad por completo en la gracia que se os traerá cuando Jesucristo sea manifestado"**. Debemos ceñirnos los "lomos" de nuestra mente con la verdad. Jesús y Su Palabra son verdad, según esta escritura; dejemos que Él gobierne nuestra mente y leamos Su Palabra. Al leer y estudiar la Palabra de Dios, y al estar en comunión con Él, descubrimos que nuestros pensamientos pronto cambian. Nuestra tarea consiste en poner Su Palabra en nuestra mente, y a Dios le corresponde transferirla de nuestra mente a nuestro corazón. Si verdaderamente permanecemos en comunión con el Señor, no pasaremos un día sin leer la Biblia. En realidad, es un buen medidor que puede revelar el estado de nuestra relación con Dios. Si amamos al Señor, amaremos Su Palabra.

Satanás resiste la Palabra de Dios

Satanás trata de impedir que leamos la Palabra de Dios porque sabe, mejor que nadie, que logramos poder y fortaleza cuando damos prioridad a la Palabra de Dios. Debemos estar alertas y reconocer las mentiras del diablo en este sentido, nos dirá, "No puedes entender lo que lees, así que no leas la Biblia"; o bien, "Lo que estás leyendo no te ministra y tampoco puedes concentrarte, entonces, ¿para qué leerlo?" Esto es sólo una muestra de las mentiras con que Satanás intentará disuadirnos de la lectura de la Palabra. Si somos fieles y continuamos leyendo sin tomar en cuenta el grado de nuestra comprensión. Debemos poner la Palabra de Dios en nosotros de modo que el Espíritu Santo tenga algo que darnos rápidamente cada vez que necesitamos una palabra del Señor.

Otra mentira que Satanás dice es que los primeros cristianos no tenían Biblia y Dios les hablaba igual, de modo que hoy la Biblia no es necesaria. Los discípulos enseñaban la Palabra de Dios a los creyentes del primer siglo porque habían aprendido bajo la guía de Jesús. Cuando un cristiano no tiene acceso a la Palabra de Dios, el Señor puede enseñarle sobrenaturalmente Su Palabra. Esto es raro, porque la Palabra de Dios ha dado la vuelta al mundo. Sin embargo, algunos cristianos ocultos han dado testimonio de este milagro.

La Palabra es alimento para el espíritu

La Palabra de Dios es alimento para el espíritu del hombre, tal como el alimento natural es beneficioso para el cuerpo. Si no alimentamos el espíritu, pronto nos debilitamos y nos quedamos sin vida. Jesús es el Pan de Vida y debemos participar de Él para tener Su vida en nosotros. **"Jesús les dijo: Yo soy el pan de vida; el que a mí viene, nunca tendrá hambre; y el que en mí cree, no tendrá sed jamás" (Juan 6:35).** Si estamos llenos de la Palabra de Dios, nos sentiremos satisfechos, saciados. Muchos llenan la mente con "basura" asimilándola a través de la televisión, las revistas seculares, las películas dañinas. No sorprende entonces que tantos cristianos estén enfermos, debilitados y al borde del colapso moral. Si pasaran tantas horas leyendo y estudiando la Palabra de Dios como las que gastan mirando televisión, veríamos un gran impacto en la iglesia de Cristo en este mundo.

Debemos controlar las emociones

No sólo debemos tener la mente saturada de verdad, sino también se nos exige que estemos "vestidos con la coraza de justicia". Una coraza cubre la zona del corazón. Simbólicamente significa que nuestras emociones deberían estar cubiertas con la justicia de Cristo. Uno de los blancos favoritos de Satanás son nuestras emociones y, si desconocemos nuestra posición en Cristo, el diablo tendrá éxito condenándonos y desalentándonos.

En primer lugar, es necesario definir la palabra "justicia" según su significado en griego. Significa ser justo o recto, delante de Dios, o estar en la posición legítima con Él. La Biblia declara, **"... No hay justo, ni aun uno" (Romanos 3:10).** Isaías 64:6 dice, **"Si bien todos nosotros somos como suciedad, y todas nuestras justicias como trapo de inmundicia...".** Si ninguno es justo, ¿cómo ponernos la coraza de justicia? Recibimos esta justicia en el momento que aceptamos a Cristo. A través de Su muerte y Su resurrección, podemos ahora tener vida eterna y Su justicia.

"Que Dios estaba en Cristo reconciliando, consigo al mundo, no tomándoles en cuenta a los hombres sus pecados, y nos encargó a nosotros la palabra de la reconciliación. Así que, somos

embajadores en nombre de Cristo, como si Dios rogase por medio de nosotros; os rogamos en nombre de Cristo: Reconciliaos con Dios. Al que no conoció pecado, por nosotros lo hizo pecado, para que nosotros fuésemos hechos justicia de Dios en él" (2 Corintios 5:19-21)

Al arrepentirnos de los pecados y pedir a Jesús que entre en nuestro corazón, nos ponemos en una situación de "legitimidad" con Dios. Debemos tomar conciencia de que ahora somos justos, si somos "nacidos de nuevo", y no permitir que Satanás siga condenándonos. **"Ahora, pues, ninguna condenación hay para los que están en Cristo Jesús, los que no andan conforme a la carne, sino conforme al Espíritu" (Romanos 8:1).**

Por supuesto que crecemos en la justicia de Dios a medida que caminamos con Él, ya que así nos santificamos. Pero, por fe, somos justos en el momento que recibimos a Jesús. Tenemos acceso al trono de Dios y podemos acercarnos a nuestro Padre porque la sangre de Jesús nos ha limpiado de toda injusticia. Cuando Satanás viene con mentiras como "No esperes que Dios conteste tus oraciones porque ayer pecaste" o "No te contestará sino que va a castigarte", debemos considerarlas lo que realmente son: mentiras. Sabemos que cuando pedimos perdón a Dios, no nos acusa sino que perdona nuestros pecados. **"Y nunca más me acordaré de sus pecados y transgresiones" (Hebreos 10:17).** Si Dios ya no recuerda nuestros pecados, ¿no debemos permitir que Satanás los recuerde después que pedimos perdón al Señor? Esto es ponerse la coraza de justicia. Declaramos por fe que somos justos por lo que Jesús hizo y ordenamos al diablo que se aleje llevando sus acusaciones.

El evangelio de la paz

En **Efesios 6**, miremos el **versículo 1, "Y calzados los pies con el apresto del evangelio de la paz"**. Esta parte de la armadura guarda nuestro caminar con Dios como debe ser. Debemos proclamar el evangelio de la paz; ser hacedores de paz. Esto tiene una doble aplicación. Primero, debemos compartir nuestra fe en Jesús con otros, acercándolos al Príncipe de Paz. A través de Él, los pecadores hallan paz con Dios. **"Justificados, pues, por la fe, tenemos paz para con Dios por medio de nuestro Señor Jesucristo" (Romanos 5:1).** Segundo, debemos de ser pacificadores entre los hombres. **"Solícitos en guardar la unidad del Espíritu en el vínculo de la paz" (Efesios 4:3). "Bienaventurados los pacificadores, porque ellos serán llamados hijos de Dios" (Mateo 5:9).** No sembremos semillas de discordia entre los hermanos, porque esto causa enemistad, sino que seamos pacificadores. Si tenemos un problema con un hermano o una hermana en Cristo, debemos esforzarnos por resolverlo y mantener la paz y la unidad en el cuerpo de Cristo.

La fe es nuestro escudo

La siguiente pieza de la armadura de la lista es de lo más importante también. Es el escudo "de la fe". **"Sobre todo, tomad el escudo de la fe, con que podáis apagar todos los dardos de fuego del maligno" (Efesios 6:16).** Satanás continuamente envía misiles encendidos de tentaciones, acusaciones, enfermedad, depresión, temor, duda, etc. Para vencer, debemos centrar la fe en Cristo Jesús y Su Palabra. Si hacemos algo sin fe, es un pecado; cada cosa que hagamos debe ser un acto de fe en el Señor. **"...y todo lo que no proviene de fe, es pecado" (Romanos 14:23).** Fe en Dios es creer y confiar en Él simplemente porque Él dice que algo es verdad, sin importar lo que la circunstancia indique. Cuando el diablo nos tienta para dudar de la integridad de Dios y Su Palabra, debemos usar el escudo de la fe para desviar ese dardo maligno. La fe es tan importante que no sólo se menciona aquí como parte de nuestra armadura sino que también es un fruto del espíritu y un don del espíritu.

La Palabra guarda la mente

Otro elemento de nuestra indumentaria de guerra es el yelmo de la salvación. **"Y tomad el yelmo de la salvación" (Efesios 6:17).** El yelmo protege nuestros pensamientos de vida. Satanás bombardea la mente con sus maldades desde todos lados. Necesitamos guardar la mente siendo cuidadosos con lo que escuchamos y vemos. **"Mirad lo que oís..." (Marcos 4:24).** La música mundana y el "rock" pueden causar nerviosismo extremo y rebeldía; no debemos permitir que esto entre en nuestro espíritu. Si estamos expuestos sin desearlo, pidamos al Padre que anule los efectos, y mientras nos colocamos el yelmo de salvación. Cuidemos lo que vemos en la televisión y otros medios. Muchos programas televisivos son satánicos, y podemos recibir influencias demoniacas a través de ellos. Hechizada es uno que no se detecta come satánico, y que parece ser un espectáculo tan lindo. Sin embargo, prepara a los niños y adultos pare recibir la brujería en sus otras formas. Todo lo que se relacione con el diablo, las tinieblas, los poderes misteriosos, simplemente no debemos mirarlo. Usemos nuestro yelmo espiritual para estar a salvo del enemigo y para neutralizar los ataques contra nuestra mente. Debemos proteger la mente de nuestros hijos dado que dibujos animados, aparentemente inocentes, y ciertos libros de entretenimientos están repletos de brujería e influencias malignas.

La Palabra es nuestra espada

Ahora podemos usar nuestra arma ofensiva: la espada. **"...y la espada del Espíritu, que es la palabra de Dios" (Efesios 6:17).** Hasta aquí sólo hemos empleado armas defensivas. Muchísimos cristianos jamás toman de ningún territorio para Dios porque se ocultan bajo "el escudo de la fe", y sólo usan la espada para correr al enemigo cuando les ataca. Este no es el supremo propósito de Dios. Debemos vivir vidas cristianas victoriosas. Pero en su lugar, muchos confiesan que están pasando por un terrible momento por culpa del diablo que siempre los persigue, cuando debería ser exactamente lo opuesto. Constantemente tenemos que perseguir al diablo. Debería temblar al ver un cristiano, porque el mismo poder que tuvo Jesús hoy lo tenemos nosotros a través del Espíritu Santo. **"Y si el Espíritu de aquel que levantó de los muertos a Jesús mora en vosotros, el que levantó de los muertos a Cristo Jesús vivificará también vuestros cuerpos mortales por su Espíritu que mora en vosotros" (Romanos 8:11).** Si aquel poder pudo levantar a Cristo de entre los muertos, ¿no puede hacer que los demonios huyan, los cuerpos sean sanos, venciendo todo obstáculo en la senda de un cristiano? Él es capaz, si usamos las armas que nos ha dado. Debemos tomar Su Palabra y hacer de ella una parte tan propia de nosotros que ya nada nos impida caminar con el Señor. **"Antes, en todas estas cosas somos más que vencedores por medio de aquel que nos amó" (Romanos 8:37). "Si permanecéis en mí, y mis palabras permanecen en vosotros, pedid todo lo que queréis, y os será hecho" (Juan 15:7).**

La espada del Espíritu, que es Su Palabra, no sólo hace huir al enemigo sino que pone en nuestras manos el territorio que tenía en nuestra vida y en la de otras personas. Jesús, al ser tentado, venció al diablo recordándole la Palabra de Dios. Satanás quería que convirtiera las piedras en pan porque sabía que Jesús llevaba cuarenta días y noches de ayuno. **"El respondió y dijo: Escrito está: No sólo de pan vivirá el hombre, sino de toda palabra que sale de la boca de Dios" (Mateo 4:4).** Por esta declaración de Jesús vemos cuán importante es la Palabra de Dios si queremos obtener la victoria.

La oración vence

Cuando nos hemos puesto toda la armadura, se nos da la "orden de marchar". **Efesios 6:18** dice, **"Orando en todo tiempo con toda oración y súplica en el Espíritu, y velando en ello con toda perseverancia y súplica por todos los santos".**

La oración es una llave necesaria para derrotar al diablo. Este versículo dice que debemos orar con toda oración y súplica "en el

Espíritu", es decir, se refiere a "orar en lenguas" u "orar en el Espíritu". **"Porque el que habla en lenguas no habla a los hombres, sino a Dios; pues nadie le entiende, aunque por el Espíritu habla misterios" (1 Corintios 14:2).** Debemos practicar ambas clases de oración para derrotar a Satanás; "en el Espíritu" (lenguas) y con el entendimiento. Pablo fue un vencedor y dijo: **"Doy gracias a Dios que hablo en lenguas más que todos vosotros" (1 Corintios 14:18).**

Muchas veces al orar comenzamos a hablar en voz alta y a reprender al diablo ordenándole que se vaya. La guerra no es silenciosa. Debemos ser fuertes y agresivos frente al enemigo porque no le gusta abandonar el territorio que ha logrado. Pero deberíamos también ser sabios al batallar en el Espíritu, porque los incrédulos y aquellos que no están familiarizados con el hablar en lenguas podrían sentirse ofendidos. **"Si, pues, toda la iglesia se reúne en un solo lugar, y todos hablan en lenguas, y entran indoctos o incrédulos, ¿no dirán que estáis locos?" (1 Corintios 14:23).**

Una de las maquinaciones habituales de Satanás es desacreditar el poder de la oración en lenguas. Dice a la gente que este don no es para este tiempo. Los nueve dones espirituales que se mencionan en **1 Corintios 12** son tan válidos hoy como lo fueron antes, y tan necesarios en la actualidad como entonces. ¿Cómo podemos creer que no son para nosotros cuando hoy, ahora mismo necesitamos sanidad, sabiduría, ciencia? Necesitamos también hoy el don de hablar en lenguas. Dios no quiere que caminemos en ignorancia espiritual acerca de los dones. **"No quiero, hermanos, que ignoréis acerca de los dones espirituales" (1 Corintios 12:1).** Debemos buscar en la Palabra de Dios para saber lo que las escrituras dicen sobre los dones, no creamos únicamente lo que el hombre tiene que decir. Si la actitud de nuestro corazón es correcta ante Dios y anhelamos conocer la verdad sobre los dones del Espíritu, el Señor nos los revelará. Si eres uno que busca la verdad, yo te pido que no busques las opiniones de los hombres porque, si preguntáramos a quince personas acerca de los dones del Espíritu y particularmente el don de hablar en lenguas, tendríamos quince opiniones diferentes. Busquemos al Padre Celestial y escudriñemos Su Palabra con mente y corazón abiertos. No sólo nos revelará la verdad, sino que nos guiará hacia "toda verdad". Sólo cuando nos aferramos a las tradiciones e ideas propias y mantenemos un aire de "orgullo espiritual", no podemos recibir enseñanza. Acerquémonos al Padre como niños pequeños, confiados en que Él sólo nos dará buenos y hermosos dones. **"Pues si vosotros, siendo malos, sabéis dar buenas dádivas a vuestros hijos, ¿cuánto más vuestro Padre celestial dará el Espíritu Santo a los que se lo pidan?" (Lucas 11:13).**

Se nos dice que perseveremos en la oración. No debemos abandonar sino conservar nuestra posición en Cristo, aferrándonos a Su Palabra. Después de haber orado "por completo" sobre un cierto tema, no tenemos que seguir luchando pero sí permanecer firmes creyendo hasta que tal oración sea contestada. El Señor puede revelarnos otras maneras de orar frente a ciertas situaciones.

No sólo debemos perseverar en la oración sino también ser disciplinados. **Efesios 6:18** dice, **"Orando en todo tiempo…".** Debemos pedir a Dios que nos ayude a desarrollar buenos hábitos de oración. Una vida de oración poco cultivada puede dar lugar para que el diablo obtenga la victoria. Se nos advierte además que debemos suplicar "por todos los santos", no solamente interesarnos por "yo" y "lo mío" sino abrirnos en amor a toda la familia de Dios a través de la oración. Al interceder unos por otros en unidad, podremos ver que el enemigo huye de todos nosotros. Es necesario ser constantes hasta alcanzar la victoria que Dios promete. Si nos hemos puesto toda la armadura y aun así no logramos victoria, preguntemos al Señor cuál es la llave que nos traerá nuestra victoria.

Jesús es la cabeza

En esta hora cuando tan densas tinieblas han cubierto la tierra, precisamos la protección y la guía de Dios. **Romanos 13:12** dice, **"La noche está avanzada, y se acerca el día. Desechemos, pues, las**

obras de las tinieblas, y vistámonos las armas de la luz". La armadura es la luz de Jesucristo, debemos vestirnos con ella. Tenemos que detener las obras de las tinieblas. Cuando tenemos la luz de Cristo Jesús, tenemos la luz de Dios, tenemos toda la armadura. La luz nos da conocimiento para ver las obras de las tinieblas y nos capacita para distinguir la senda que Jesús nos marcó. Podemos derrotar al diablo y levantarnos por encima de las cosas de esta tierra, para remontándonos a los lugares celestiales. Que estas escrituras sean una oración para ti:

"Para que el Dios de nuestro Señor Jesucristo, el Padre de gloria, os dé espíritu de sabiduría y de revelación en el conocimiento de él, alumbrando los ojos de vuestro entendimiento, para que sepáis cuál es la esperanza a que él os ha llamado, y cuáles las riquezas de la gloria de su herencia en los santos, y cuál la supereminente grandeza de su poder para con nosotros los que creemos, según la operación del poder de su fuerza, la cual operó en Cristo, resucitándole de los muertos y sentándole a su diestra en los lugares celestiales, sobre todo principado y autoridad y poder y señorío, y sobre todo nombre que se nombra, no sólo en este siglo, sino también en el venidero; y sometió todas las cosas bajo sus pies, y lo dio por cabeza sobre todas las cosas a la iglesia, la cual es su cuerpo, la plenitud de Aquel que todo lo llena en todo" (Efesios 1:17-23).

Iglesia, ¡marchemos en victoria!

Nota Posterior

Los Miller están muy contentos de recibir correo de sus lectores; sin embargo, no les es posible responder a todas las cartas personalmente dado el volumen de correo que reciben. Ellos estarán encantados de orar junto con los intercesores de todos los que les escriben con una petición de oración, aunque no dan asesoramiento ya que ellos creen que esto debe ser dirigido a los pastores locales como se describe en las Escrituras.

Christ Unlimited Ministries, Inc. es una corporación 501(c) (3) de iglesia sin fines de lucro. Todas las contribuciones son deducibles de impuestos. Agradecemos sus oraciones, estímulos y apoyo. La compra de este libro nos hace posible el poder compartir copias gratis de la Biblia, literatura de enseñanza, materiales de video y audio con ministros en países del tercer mundo, quienes de otra manera no serían capaces de comprar el material.

"El Señor le dio la palabra: era grande la compañía de aquellos que lo publicó" (Salmo 68:11).

Para Estudio Adicional

Este libro fue tomado de un curso de estudio de la Biblia llamado **La Serie Sobreponiéndose a la Vida**. Toda la serie es una "caja de herramientas espiritual" virtual, ya que cubre una multitud de temas que cada cristiano enfrenta en su caminar con Dios. También responde preguntas que muchos creyentes tienen concerniente al movimiento actual con Dios. Esto es tratado con un enfoque equilibrado y dentro de la luz de las Escrituras. El pueblo de Dios no debe vivir frustrado, derrotado en la vida, sino que han de ser ¡victoriosos vencedores! Para un estudio más profundo, cada uno de estos libros tiene un cuaderno de trabajo disponible en versión impresa. También se enumeran a continuación libros adicionales escritos por Betty Miller.

Títulos de libros en la
SERIE SOBREPONIÉNDOSE A LA VIDA:

EXAMINA TODO (La Serie Sobreponiéndose a la Vida – Libro 1) - Cristo advirtió que la gran decepción sería uno de los signos de los tiempos finales. Se ofrecen pautas claras Bíblicas para discernir entre el Espíritu de la verdad y el espíritu del error. El libro trata sobre cómo juzgar sin ser crítico. *(Disponible en Impresión, PDF y Kindle, ¡Un libro de trabajo correspondiente estará disponible pronto!)*

EL VERDADERO DIOS (La Serie Sobreponiéndose a la Vida – Libro 2) - Esta es una enseñanza sobre el carácter de Dios, explicando por qué Dios hace ciertas cosas, y por qué está en contra de su naturaleza el hacer otras cosas. Diferencia entre las cosas por las que Dios es responsable y las cosas por las que el diablo es responsable. Nuestra responsabilidad como cristianos destinados a superarnos nos hace claro para que podamos vivir vidas victoriosas. *(Disponible en Impresión, PDF y Kindle, ¡Un libro de trabajo correspondiente estará disponible pronto!)*

LA VOLUNTAD DE DIOS (La Serie Sobreponiéndose a la Vida – Libro 3) - Esta lección nos enseña no sólo cómo conocer la voluntad de Dios en nuestra vida personal, en la familia, en el ministerio y en las finanzas, pero también trae consigo la comprensión de por qué Dios permite el pecado, la enfermedad y el sufrimiento en el mundo. Como vencedores, nosotros los cristianos no deberíamos de estar sufriendo debido a muchas cosas que hemos aceptado como normales. *(Disponible en Impresión, PDF y Kindle, ¡Un libro de trabajo correspondiente estará disponible pronto!)*

LAS LLAVES DEL REINO (La Serie Sobreponiéndose a la Vida – Libro 4) - Las instrucción sobre cómo ganar autoridad en el Reino de Dios a través de la oración es el tema de este libro. Muchos de los principios y métodos de la oración están cubiertos en este libro, tales como la oración en el Espíritu, el ayuno y el rezo, oración de dolor, alabanza, intercesión y guerra espiritual. *(Disponible en Impresión, PDF y Kindle, ¡Un libro de trabajo correspondiente estará disponible pronto!)*

LA DESCRIPCIÓN Y ANDANZAS DE SATANÁS (La Serie Sobreponiéndose a la Vida – Libro 5) - Este libro es una poderosa exhibición de los trucos, tácticas y de las mentiras de Satanás. Los métodos de cultos y métodos ocultistas se enumeran para que así los cristianos puedan detectar sus actividades. Se discute la actividad del demonio, la liberación y la expulsión de demonios es tratado en detalle. Se pone al descubierto el reinado de Satanás y se le enseña al cristiano a superarse por medio del discernimiento espiritual la lucha. *(Disponible en Impresión, PDF y Kindle, ¡Un libro de trabajo correspondiente estará disponible pronto!)*

LA CURACIÓN DEL ESPÍRITU, ALMA Y CUERPO (La Serie Sobreponiéndose a la Vida – Libro 6) - Este libro enseña cómo combatir los problemas emocionales, tanto como los físicos, y como recibir las curación divina. También enseña como renovar la mente carnal y caminar dentro del espíritu de la vida, superando así la depresión, soledad y el temor. *(Disponible en Impresión, PDF y Kindle, ¡Un libro de trabajo correspondiente estará disponible pronto!)*

NI HOMBRE NI MUJER (La Serie Sobreponiéndose a la Vida – Libro 7) - ¿Cuál es el papel de la mujer dentro de la iglesia y el hogar? ¿Quién es la guía espiritual de la mujer, y quien le protege? ¿Llama Dios a la mujer al ministerio de los cinco oficios ministeriales? ¿Qué nos dice la palabra de Dios sobre el divorcio, celibato, y como escoger a una pareja para el matrimonio? Estos y otros tópicos relacionados a la mujer son bíblicamente examinados. *(Disponible en Impresión, PDF y Kindle, ¡Un libro de trabajo correspondiente estará disponible pronto!)*

¿EXTREMOS O EQUILIBRADO? (La Serie Sobreponiéndose a la Vida – Libro 8) - Muchos cristianos han dañado la causa de Cristo a través de enseñanzas y manifestaciones "fuera de balance". Este libro ensena como evitar esas áreas. También trata sabiamente sobre los excesos y extremos en el cuerpo de Cristo. *(Disponible en Impresión, PDF y Kindle, ¡Un libro de trabajo correspondiente estará disponible pronto!)*

LA SENDA HACIA LA VIDA VICTORIOSA VENCEDOR (La Serie Sobreponiéndose a la Vida – Libro 9) - Este libro contiene respuestas a preguntas que enfrenta un vencedor al sentir la presión del gran llamado en Jesucristo. ¿Cómo podemos ser conformados a la imagen de Cristo? ¿Cómo funciona el Espíritu Santo con los vencedores al final de los tiempos? ¿Cuáles son las recompensas de los vencedores? *(Disponible en Impresión, PDF y Kindle, ¡Un libro de trabajo correspondiente estará disponible pronto!)*

Títulos de libros en la
LA SERIE DE LOS TIEMPOS FINALES:

GUERRA ESPIRITUAL PERSONAL (La Serie Los Tiempos Finales – Libro 1) - Explica el mundo invisible de las fuerzas espirituales que influyen en nuestras vidas y cómo el bien puede prevalecer sobre el mal a nuestro alrededor mientras nos preparamos para la nueva era del reino que ha de venir. Este libro le ayudará a superar los problemas en sus finanzas, el matrimonio, las presiones emocionales de temor, enojo y dolor. Estas son las claves de la victoria a través de la guerra espiritual. *(Disponible en impresión, PDF y Kindle)*

MARCA DE DIOS O MARCA DE LA BESTIA (La Serie Los Tiempos Finales – Libro 2) - Mucho se ha escrito y dicho acerca de la marca de la bestia, pero poco se ha dicho acerca de la marca de Dios. ¿Qué significa el 666 y que es esta misteriosa marca? ¿Cómo se vincula con el mundo de las finanzas? ¿Ha comenzado ya esta marca? Este libro responde a muchas preguntas acerca de la marca de la bestia y la marca de Dios, y cómo afectan a los cristianos. *(Disponible en Impresión, PDF y Kindle)*

MATERIAL DEVOCIONAL:

SABIDURÍA DE DIOS PARA LA VIDA DIARIA - La sabiduría de Dios para la vida diaria por Betty Miller es un devocional de 365 días basado completamente en el libro de Proverbios. Este libro único es algo más que un devocional diario; sino que también es una serie de mini-enseñanzas, que te ayuda a estudiar y meditar en la Palabra de Dios. Proverbios revela la Sabiduría de Dios, y nos ayuda a saber cómo hacer frente a los problemas cotidianos a los que todos nos enfrentamos. Este libro en particular nos da consejos piadosos en el área de las relaciones, el matrimonio, la educación de niños, manejo de dinero, problemas de salud, y decenas de otros temas y cosas oscuras que, por la curiosidad de la gente, han deseado saber. La Biblia es un regalo de Dios a la humanidad, y el regalo de Betty Miller de la enseñanza ayuda a los que tienen corazones que buscan obtener este conocimiento y aplicarlo a su vida diaria. El devocional tarda sólo 5 minutos al día para leer, pero la sustancia persistirá con usted todo el día. Vea el comentario de un lector abajo. *(Disponible en Impresión y Kindle, disponible pronto en Aplicación Móvil.)*

Muchos de estos libros se han redactado, pero ninguno se compara con el de Betty Miller. Esto realmente es un diario de referencia esencial y fuente de inspiración para cualquier persona que quiera estar más cerca de Dios. Ella tiene una increíble conexión con el Espíritu Santo ya que sus palabras parecen penetrar en el alma del lector. He estado leyendo este libro de manera intermitente durante años y siempre descubro algo nuevo que yo no había visto antes, no importa cuántas veces lo he leído. También es una excelente guía para enseñar y aconsejar a otros. ¡Muy recomendable! - C. A.

Si este libro te ha bendecido, nos encantaría seguir dándote ministerio a través de nuestra página web. Si usted busca artículos adicionales, materiales de estudio, respuestas de la Biblia, apoyo en oración, u otros materiales de recursos bíblicos visitarnos hoy.

www.BibleResources.org

Christ Unlimited Ministries, Inc.
P.O. Box 850
Dewey, AZ 86327
U.S.A.

Propósito y Visión

"Id, pues, y haced discípulos a todas las naciones, bautizándolos en el nombre del Padre, y del Hijo, y del Espíritu Santo, enseñándoles que guarden todas las cosas que os he mandado: y he aquí yo estoy con vosotros todos los días, hasta el fin del mundo. Amén" (Mateo 28:19-20).

El Cristo ilimitado no es "otra denominación", secta, o simplemente un grupo separado. Es un brazo del Cuerpo de Cristo-la Iglesia de Jesucristo, que ha sido llamado a fortalecer el Cuerpo en general. También creemos que hemos sido llamados para ayudar a establecer el Reino de Dios en la tierra.

El Cristo Ilimitado está involucrado con todos los cristianos creyentes en la Biblia, independientemente de su iglesia o afiliación o denominación y que están comprometidos a ayudar siempre que sea posible en evangelizaciones y en enseñanza de acercamiento.

El Cristo Ilimitado cree que el tiempo se está acabando y el evangelio no ha sido predicado a toda criatura. Muchas naciones no han escuchado el Evangelio, y en muchos lugares, las puertas para la evangelización se están cerrando. Creemos que es hora de que todos los cristianos cooperen con el Señor en la rotura de las paredes de la denominación en una línea de frente único contra el reino de la oscuridad y en el establecimiento del Reino del Señor Jesucristo por el poder del Espíritu Santo.

El Cristo Ilimitado ofrece herramientas para permitir a los santos de Dios a establecer el Reino de Dios en la tierra. Alentamos los grupos de guerreros de la oración que oren, ayunen, e intercedan por las naciones. Esto, creemos, es el arma número uno. Enseñamos a los creyentes la manera de superarse a través de la guerra espiritual y por medio de saber cómo utilizar su autoridad en Cristo Jesús por medio de la Palabra y el poder del Espíritu Santo.

Los cristianos necesitan saber cómo reducir las fuerzas de la oscuridad en sus propias vidas y en las vidas de aquellos a quienes ministran. Proporcionamos herramientas tales como Biblias, literatura, libros sobre Cristo Ilimitados y un ministerio de oración en línea. Publicamos el Evangelio a través de cualquier medio de comunicación, incluido Internet, vídeos, así como literatura. Tenemos seminarios de enseñanza, escuelas Bíblicas, y cursos por correspondencia, todo ello encaminado para ganar almas para Cristo y la construcción del Cuerpo de Cristo en la madurez.

Bud y Betty Miller sirven al Señor juntos como fundadores del ministerio de alcance multi-visionario de Cristo Ilimitado. Los alcances de este ministerio se han originado a partir de un gran deseo de que la Palabra de Dios sea enseñada en su totalidad equilibrada. Los Miller son firmes creyentes en la oración y, a través de la oración, han visto a muchos haber sido liberados de la esclavitud del temor, del fracaso y de la derrota.

Los alcances de Cristo Ilimitado están en obediencia a las palabras de nuestro Señor. **"Id por todo el mundo y predicad el evangelio a toda criatura" (Marcos 16:15).** Este mandato del Señor representa un desafío para nuestra generación ya que como un estimado del 25 por ciento de la población mundial todavía no ha oído las Buenas Nuevas de Jesucristo.

El ministerio de Cristo Ilimitado también se dedica a la enseñanza de la Palabra de Dios. **Oseas 4:6** nos dice, **"Mi pueblo fue destruido porque le faltó conocimiento".** Muchos cristianos están llevando vidas derrotadas, simplemente porque no conocen la Palabra de Dios en toda su plenitud.

El Ministerio de Cristo Ilimitado ha provisto para aquellos que desean conocer la Palabra de Dios de una forma mayor. El principal objetivo de la enseñanza y la literatura se dirige a "Cómo poder ser un vencedor". En los últimos días, tenemos que estar preparados para superar los ataques de Satanás. Muchos cristianos están sufriendo innecesariamente, porque no saben cómo superar la enfermedad, la depresión, el divorcio, el temor y el fracaso financiero. El Ministerio de Cristo Ilimitado proporciona respuestas para las familias con problemas, así como capacitación a los trabajadores para el servicio.

Si te gustaría participar en traer libre de las enseñanzas de la Biblia a misioneros en todo el mundo, ganar almas para Cristo,
y construir el cuerpo de Cristo a la madurez, se convierten en un socio en este esfuerzo de hoy.

Convertirse en un socio en línea en BibleResources.org

o

Convertirse en un socio por contribuciones al correo:
Christ Unlimited Ministries
P.O. Box 850
Dewey, AZ 86327

CHRIST UNLIMITED MINISTRIES es una sin fines de lucro, exenta de
impuestos Iglesia, bajo sección 501(c)(3) del código tributario.
Todas las contribuciones son deducibles de impuestos.

www.ingramcontent.com/pod-product-compliance
Lightning Source LLC
Chambersburg PA
CBHW052058070526
44584CB00017B/2232